Sur les pas d'un géologue face aux défis du développement

Collection « Industries minières et activités connexes »

Dirigée par SE Ibrahima Soumah
écrivain et ancien ministre des Mines de Guinée

La Guinée est reconnue comme un véritable scandale géologique, avec des réserves de bauxite de plus de 40 milliards de tonnes, soit plus du tiers mondial. Le pays possède aussi les plus grands gisements de minerais de fer non encore exploités comme le Nimba et le Simandou avec plus de 10 milliards de tonnes de réserves à haute teneur. L'exploitation de l'or y est pratiquée depuis le Moyen Âge, et le diamant de joaillerie se trouve en abondance dans le sud-est du pays, tout comme le chrome, le cobalt, le nickel et même l'uranium. L'offshore guinéen n'a pas encore révélé tout son potentiel en gaz et pétrole et, si on y ajoute le potentiel hydroélectrique, avec des barrages gigantesques comme le Souapiti en cours de construction, on peut dire que la Guinée, devenue premier exportateur mondial de bauxite, a un avenir assuré dans l'industrie minière. De nombreux ouvrages édités ont abondamment décrit le processus de développement minier en cours et d'autres sont en préparation pour aller plus en profondeur dans tous les aspects au plan économique et social de l'activité minière en Guinée. L'Harmattan Guinée a donc créé à cet effet une collection pour appuyer ce secteur important de l'économie guinéenne.

Dr Fodé Ibrahima DIABY

Sur les pas d'un géologue face aux défis du développement

Préface d'Ahmed Tidjane SOUARE

L'Harmattan

5-7, rue de l'École-Polytechnique – 75005 Paris

www.editions-harmattan.fr

ISBN : 978-2-343-19930-6
EAN : 9782343199306

SOMMAIRE

Dédicace

– Au peuple de Guinée qui nous a tout donné pour répondre aux attentes du développement du secteur minier guinéen,

– Aux géo-mineurs, à travers les efforts fournis en faveur de la connaissance des valeurs économiques et industrielles du potentiel minier du pays ;

– Aux Sociétés et projets miniers pour leur participation au développement de la Guinée.

Préface

De plus en plus, les cadres guinéens s'évertuent à exprimer leur volonté de partager l'expérience acquise tout au long de leur parcours. Le nouvel ouvrage de Dr Fodé Ibrahima Diaby s'inscrit, sans nul doute, dans cette dynamique.

En effet Sur les pas d'un géologue face aux défis du développement *est une livraison autobiographique riche assortie d'éléments techniques et scientifiques précis et pertinents ayant marqué sa carrière de géologue.*

L'auteur commence par nous parler avec respect et attachement de sa famille, qui appartient à la lignée des « Diakhankés » dont la contribution à la diffusion pacifique du coran et de l'Islam en Afrique a été remarquable.

C'est dans ce creuset de foi, de solidarité et de persévérance que Dr Fodé Ibrahima Diaby a puisé les caractères et les vertus qui le guideront aussi bien pendant sa formation en Guinée et à l'étranger, que sa riche carrière de géochimiste

D'ailleurs pour celle-ci, Dr Diaby commence par expliquer les défis liés à son premier emploi avant d'engager le lecteur à découvrir les multiples postes et missions ayant jalonné son parcours aux reliefs et couleurs divers. Il le fait avec une exactitude caractéristique d'un professionnel du « règne minéral ».

En effet qu'il s'agisse de sa fonction d'enseignant d'université, de géologue en chef dans les recherches géologiques nationales, de ses prestations dans l'artisanat minier, dans le projet SIDEM ou encore dans ses recherches effectuées sur l'Or du bouré, Dr Diaby montre, qu'à cœur vaillant, la compétence technique et la perspicacité poussent aux horizons les plus divers et les plus inattendus.

Ce que j'appellerai « le projet de sa vie » la Société des Bauxites de Dabola-Tougué » n'y échappe pas. Dr Diaby et les partenaires iraniens s'ingénient à développer ce projet dans des circonstances tantôt favorables parfois hostiles, mais toujours maîtrisées et avec souvent l'audace d'envisager l'introduction des méthodes d'exploitation les plus innovantes et les plus respectueuses de l'environnement. C'est le cas par exemple que j'ai retenu étant, en ma qualité de ministre des Mines et de la géologie, Président du Conseil d'administration de la SBDT, de l'option d'évacuation du minerai par pipe du centre du pays au bord de l'océan en basse côte, par gravité et sans pollution.

Cet ouvrage de Dr Fodé Ibrahima Diaby est d'un genre particulier, où l'autobiographie côtoie les analyses scientifiques de laboratoire, de terrain et de techniques pour un ensemble riche en informations utiles pour la connaissance non seulement de l'auteur, mais aussi des pages importantes de la culture minière de la Guinée.

En cela l'ouvrage pourrait intéresser les étudiants et les professionnels géologues et miniers promoteurs de projets et plus largement tous les lecteurs. IL leur sera un outil pratique et documenté dans le déroulement de leurs tâches professionnelles.

Dr Ahmed Tidjane SOUARE

Ancien Premier ministre

Avant-propos

Le secteur minier, tel qu'il se présente de nos jours à travers la richesse de son potentiel et selon l'avis des nombreux spécialistes du monde minéral, peut s'inscrire dans l'optique de se faire une place de choix dans le concert des nations en pleine mutation économique.

Pour atteindre cet objectif, l'administration en charge de l'application de la politique minière doit tenir compte des aléas de la cohabitation qui ont eu un impact certain et non négligeable sur les projets de développement.

C'est dire que la gestion du patrimoine minier n'est pas si facile, elle commence par celle de la formation des ressources humaines professionnelles qui auront pour tâche essentielle de maîtriser la recherche géologique, la prospection tactique et stratégique et d'aboutir en fin à un suivi régulier des projets et des conventions, tout en favorisant le développement des infrastructures de base, des centres d'intérêt technico-économiques et socio-culturels dans le pays.

La réussite de toute œuvre humaine dépend généralement des efforts d'une parfaite collaboration entre les convives. À propos, il est judicieux de créer un climat de bonne coopération entre les intervenants, en cultivant à la corporation, l'amour de la patrie pour mieux défendre les valeurs morales par le travail bien accompli.

Pour y parvenir cet ouvrage pourrait servir à circonscrire les problèmes de la profession en vue de les résoudre dans un proche avenir qui sera respectueux des valeurs professionnelles des cadres et de mieux orienter les décideurs sur les solutions à apporter au développement des directions techniques, des laboratoires, des projets miniers et garantir en priorité une relève rassurante pour les encadreurs.

Les problèmes ainsi soulevés et traités sauraient intéresser les professionnels des mines et de la géologie, le monde scolaire et universitaire, les Organisations Non-Gouvernementales, les prometteurs de projets, les investisseurs, les politiques et les décideurs pour sans nul doute participer à la valorisation des ressources et à l'amélioration de la gouvernance des activités minières dans le pays.

Introduction

Le livre intitulé *Sur les pas d'un géologue face aux défis du développement* est le fruit d'une vie qui explique une somme d'expériences vécues de la formation à la vie professionnelle. Il fait découvrir le parcours d'une tendre enfance qui fut une source vitale révélatrice des valeurs humaines au bénéfice de l'adolescent, en faisant de lui une personne utile au pays.

Les défis relevés dans cet ouvrage sont de plusieurs ordres et se distinguent d'une simple autobiographie, et au-delà de laquelle, ils s'inscrivent dans la dynamique d'un véritable combat pour vaincre l'ignorance qui demeure un obstacle au progrès social, économique et culturel. Ce combat a été très rude de l'école primaire à l'université.

Les problèmes qui ont été identifiés au cours des différentes missions de l'auteur, aussi bien dans l'enseignement universitaire que dans le secteur minier, sont partagés avec les spécialistes en la matière en vue de les résoudre et de les dépasser dans le cadre d'une expertise professionnelle.

Le but recherché fut de circonscrire la problématique des projets en développement pour donner des réponses aux questions importantes de la valorisation et de la mise en exploitation des ressources naturelles.

C'est ainsi qu'à la faculté d'agriculture de l'Institut Valery Giscard d'Estaing de Faranah d'intenses études expérimentales furent engagées dans un programme de recherches pédologiques pour l'amélioration de la productivité du riz, en termes de variété et de rendement à l'hectare. Ces investigations ont parfois abouti à d'excellents résultats qui permirent aux étudiants et encadreurs de parfaire leur savoir-faire en tirant de ces recherches d'énormes profits techniques et scientifiques.

De différents projets miniers concernés ont bénéficié d'une expertise professionnelle de haut niveau dans le cadre de leur évaluation. Ce sont : le levé géologique de la feuille NC-29-XIX, en moyenne Guinée ; le Projet intégré des bauxites de Dian-Dian ; la Société Internationale pour le Développement minier (SIDEM) ; le projet d'Exploitation artisanale de l'Or en Haute Guinée et la Société des Bauxites de Dabola-Tougué (SBDT) qui ont collaboré dans un passé récent avec l'auteur que je suis en ma qualité de chercheur et d'encadreur.

Dans ce groupe chaque projet a ses spécificités et évolue dans un contexte précis. On note que la Société des Bauxites de Dabola-Tougué constitue un cas particulier et un exemple très édifiant qui explique largement la nature des problèmes liés à son évolution. L'avenir de la SBDT dépendra de la volonté des partenaires associés de relever les défis du système de transport et du port d'évacuation de la bauxite se trouvant à près de 400 km des côtes maritimes.

Le programme exécuté par la Société Internationale pour le Développement minier fut une parfaite illustration pour la recherche de l'Or et du Diamant en haute Guinée. Ce programme aiderait d'autres intervenants dans cette filière de se faire une idée sur la nature des travaux à exécuter, les apports techniques à un tel projet, l'organisation à mettre en place, le coût de l'expédition et les équipements à mobiliser, etc.

Dès lors le projet de la SIDEM peut être considéré comme une contribution d'une grande importance dans le cadre du partage des initiatives de développement entre les spécialistes du secteur minier.

On retiendra que l'exploitation artisanale de l'or et du Diamant demeure une préoccupation majeure dans le pays. Elle mérite d'être réorganisée, dans le but de réussir la transformation progressive de cette activité en une opération artisanale minière à petite échelle ou semi-industrielle qui initiera l'introduction de techniques et d'équipements plus modernes d'utilisation plus simple et à un coût modéré.

Le résultat attendu est d'accroître les revenus, d'introduire la production dans le circuit officiel de la commercialisation et d'exportation pour maîtriser les statistiques, identifier les bonnes pratiques et construire les moyens d'existences durables au sein des communautés.

D'autres questions d'intérêts liées à la connaissance de l'or de Guinée ont été également abordées et ont permis de statuer sur les valeurs spécifiques de cette ressource du pays.

Ces données ont permis d'acquérir des informations précieuses sur la composition chimique, la pureté, les caractéristiques morphométriques et la typologie de l'or de Matagania, dans la préfecture de Dinguiraye qui appartient à la province aurifère de Guinée connue sous le nom de « Bouré ». La convoitise de l'Or dans cette région fut à l'origine de la formation du Premier Empire africain au troisième siècle dont le célèbre Roi porta le nom du « Roi de l'Or ».

Une étude réalisée dans une telle région est d'une grande portée, au regard des nombreux explorateurs étrangers qui se sont intéressés aux activités d'orpaillages dont les résultats seront d'un apport souhaité dans les futurs travaux de recherches minières, dans le pays.

De tout ce qui précède, il est aisé de comprendre en quoi les lecteurs intéressés à ces activités pourraient tirer des informations de cette expertise pour satisfaire leur curiosité et les professionnels en la matière sauraient profiter pour consolider leur connaissance du métier de géo-mineurs.

La vie familiale

À l'image de beaucoup de familles africaines, la mienne aussi a connu des mouvements migratoires liés à son appartenance aux grandes tribus, ayant marqué l'histoire de l'évolution socio-économique et culturelle de l'Afrique occidentale.

Je suis El hadj Fodé Ibrahima Diaby, issu de la tribu Djakanké, dont la famille est très connue pour sa participation à la diffusion et à l'épanouissement de la religion musulmane. Une réputation qui facilita son insertion, souvent sollicitée, dans les différentes communautés de la sous-région.

Fils aîné de mon père, je porte le prénom de mon grand-père qui donna naissance à mon père : Elhadj Therno Souaïbou Diaby et à ses frères, Thierno Abdoulaye, Thierno Amadou et à leur unique sœur, Thierno Aissata.

Ce grand-père participa activement au rayonnement de l'Islam dans le pays, en accomplissant ainsi la mission qui le conduira à Djifing à côté de quelques-uns de ses devanciers, et s'y installa vers la fin du dix-huitième siècle, en provenance de la confrérie religieuse de Djaka, une localité se trouvant dans l'actuelle République du Mali.

Djifing est un village situé à sept kilomètres du chef-lieu de la sous-préfecture de Porédaka, dans la région Administrative de Mamou, en moyenne Guinée.

Selon la légende, le nom Djifing symbolise, l'encre noire qui a permis à nos aïeux, à travers l'écriture, de véhiculer la culture islamique et de se défendre contre les esprits maléfiques, et cela grâce au coran. Cette agglomération longe la rivière Djifing, de même nom, se développa sur les rives gauche et droite, devenant par la suite une référence culturelle en Guinée.

C'est une zone d'élevage des caprins, des bovins et des volailles, et on y pratique, une agriculture de subsistance (fonio, maïs, patate, ainsi que des légumes et autres).

Son amour pour l'agriculture et l'élevage a permis, à ce grand-père de se distinguer et de prendre une part active au développement socio-économique et culturel de la contrée, où vivaient les différentes composantes sociales, malgré les pesanteurs de la chefferie traditionnelle et les excès du pouvoir colonial.

Le village a conservé son autonomie et a su exercer la plénitude des activités religieuses, dans un esprit de bonne collaboration et de respect mutuel entre les patronymes Diaby, Souaré, Camara, Cissé, Touré, Savané, Sidibé, Diallo, Barry, Sow et Kanté rencontrés dans la contrée.

Le grand-père bénéficiera d'une grande audience auprès des habitants de Djifing, et jouissait également d'un grand respect et devenait ainsi une personne ressource incontournable, pour son apport aux initiatives de développement, un avis largement partagé par les villages environnants.

Mon père, El hadj Thierno Souaïbou Diaby, est né vers 1920 à Djifing et s'installa en 1937 à Conakry, dans la capitale guinéenne, dès le jeune âge.

Et suite à de nombreux voyages, au Sénégal, en Gambie et en Sierra Leone, il tissa à Dixinn, un des quartiers de Conakry d'importantes relations avec les populations autochtones et d'autres citoyens venus des régions voisines.

Il s'agit de la Basse Côte, appelée également, Basse Guinée ou Guinée maritime, une des quatre régions naturelles de la Guinée, ayant un climat tropical humide, dit sub-guinéen caractérisé par l'alternance de deux saisons bien distinctes : une saison pluvieuse de mai en octobre et une saison sèche s'échelonnant de novembre en avril.

Ce climat subit fortement l'influence de l'Océan Atlantique et de la disposition presque parallèle à la côte, de la retombée occidentale des montagnes du Fouta-Djallon. Il y souffle un vent humide, la mousson venant de la mer et de régulières brises marines.

L'harmattan, un vent sec et froid provenant de l'intérieur qui n'atteint pas la côte, car il est atténué et porté en altitude par les montagnes.

La saison pluvieuse est particulièrement importante ici par la hauteur pluviométrique qui excède partout les deux mètres.

La végétation dans cette région est de type tropical côtier, représentée dans la zone de poto-poto par la mangrove, aux racines aériennes d'une grande importance économique. Cette mangrove (Kinsi) cède la place à la savane herbeuse et arbustive et d'une forêt claire ou dense, en s'éloignant du littoral.

La plupart des fleuves prennent leur source en plein cœur du Fouta Djallon dont ils dévalent le versant occidental, en constituant de nombreuses chutes, cascades et rapides.

Mais en atteignant les plaines où ils bénéficient d'une grande pluviométrie, ils décrivent des cours d'eau sinueux et lents avant de se jeter à la mer, à travers de larges estuaires que remontent périodiquement les marées. Les principales activités économiques des populations de la basse côte sont l'agriculture, l'artisanat, la pêche et la chasse.

Les cultures maraîchères connaissent aussi un grand développement dans la région dont : Aubergines, Oignons, Gombo, Choux, ainsi que certaines cultures industrielles et d'exportations (Tabacs, Bananes, Ananas, Mangues…).

La ville de Conakry et ses environnements ont connu aujourd'hui d'importantes mutations socio-économiques et abritent les principales unités de l'industrie légère guinéenne.

Sur le reste du territoire de la Guinée Maritime existent çà et là quelques unités industrielles de grandes tailles parmi lesquelles on peut citer l'usine d'alumine de Fria, l'ouverture de plusieurs mines de bauxites et les centrales hydroélectriques des grandes chutes et Baléa-Donkéa, de Garafiry, de Kaléta et de Souapiti en construction, etc.

Les infrastructures routières et des ports au bord du littoral constituent à date une avancée significative du pays, pour son développement.

C'est cette région qui m'a vu naître et grandir dans un quartier dénommé Dixinn, un quartier de la capitale, sous le toit de la famille Diaby qui a servi de lieu d'accueil à de nombreuses personnes et parents en provenance de diverses villes et régions du pays. À Conakry, le brassage intense des populations guinéennes fait que l'on rencontre ici des représentants de toutes les ethnies des différentes régions du pays.

Il est important de parler du rôle accompli en cette période par ce merveilleux père dans sa position de premier ressortissant du village Djifing, et à propos on peut retenir que nombreuses personnes de Mamou en général et celles de Djifing en particulier ont bénéficié à Conakry de sa générosité, de son assistance dans plusieurs domaines dont entre autres, l'hébergement, l'entretien, la recherche de petits boulots et l'apprentissage des métiers. Ce qui lui a valu une grande renommée et une position de premier rang, parmi les personnes ressources de sa génération.

C'est le moment précieux de rendre un hommage à mon bien aimé père, ce centenaire, autodidacte ayant servi avec tous les honneurs l'entreprise Pharma-Guinée d'où il a pris sa retraite ; aussi, il a exercé avec efficacité les fonctions du maire du Pouvoir révolutionnaire local (PRL) de Dar-Es-Salam 1 pendant près de dix-sept ans dans l'actuelle commune de Matoto.

De par la qualité des services rendus, il a été promu maire pilote de cette commune, un titre honorifique qu'il a maintenu pendant plusieurs années. Parallèlement à son travail gigantesque auquel il était astreint tant sur le plan politique qu'administratif, ce père ne négligeait pas les devoirs de famille.

Bien au contraire il donnera à ses enfants une éducation familiale solide, non négligeable intégrant un énorme capital humain à travers des relations humaines dépassant les limites de son village natal, de la préfecture de Mamou, s'étendant même au-delà des quatre régions naturelles de la Guinée.

Il a joué un rôle de premier plan en encourageant le recrutement de nombreux enfants de son village à l'école française malgré les pesanteurs de la tradition en cette époque, naturellement il commença par la scolarisation de ses propres enfants.

Cette expérience a porté ses fruits et a permis de doter son village de cadres dont les compétences sont reconnues au-delà de notre pays. Grâce à la sagesse et l'esprit d'ouverture de cette grande personnalité dont les actes s'inscrivent en lettres d'or dans le registre de l'histoire de notre village, de la sous-préfecture et constituent un bel exemple de patriotisme dans la région de Mamou. Cet homme s'est donné corps et âme pour les causes humanitaires et a su partager les mêmes valeurs morales avec son épouse Hadja Mariam Djiba Camara.

Cette généreuse femme ménagère est bien ma mère, elle est native de Djifing et appartient à la très respectueuse lignée des Camara, ayant le privilège d'être les premiers habitants de la région. Elle a donné naissance à six enfants dont quatre garçons : El Hadj Fodé Ibrahima Diaby,

Mamadou Diaby, Boubacar Diaby, Alassane Diaby et deux filles : Fatoumata Diaby et Diariou Diaby dite Ganlé, la benjamine. Elle réussira, cette maman à cultiver en chacun de ses enfants, l'amour des valeurs ancestrales, notamment la conquête du savoir et du savoir-faire.

Dans la perspective de préparer sa progéniture au combat pour un avenir meilleur, elle leur offrira ainsi les moyens nécessaires et appropriés pour contribuer efficacement au développement socio-économique du pays. Tels étaient le rêve et le souhait que cette maman formulait pour tous les enfants de la maisonnée.

C'est avec une grande joie, accompagnée d'une finesse appropriée dont elle possédait le secret, qu'elle arrivait à rassurer les convives de la volonté divine de rassembler tout ce beau monde dans cette famille, pour partager ce temps en commun.

Ainsi ma mère que j'appelais affectueusement « ' Nènè »' est devenue la maman de tout le monde, elle est parvenue à se faire une réputation, et surtout elle arrivait à trouver les ressources nécessaires, en aidant son époux à affronter et à surmonter les différentes vicissitudes de la vie familiale.

Il s'agit d'une marche opportune vers un destin prometteur, s'éclaircissant à travers le temps et donnant à chaque étape, une situation rassurante pour le bien-être social et économique de la famille.

Souvenirs d'enfance

De tout ce qui précède, on peut se faire une idée du milieu dans lequel vivent sous le même toit, des personnes en provenance d'horizons divers et ayant des préoccupations différentes. On note la disponibilité habituelle du père à l'endroit de chacun des convives bénéficiant dans chaque cas de l'aide sollicitée, ou d'un conseil nécessaire à la réussite de chacun dans son domaine de prédilection.

Les difficultés sont nombreuses, et à propos il est important de noter celles rencontrées particulièrement par le fils aîné de ce père pour la scolarisation.

À l'âge de six ans, ce dernier avait déjà eu l'opportunité de côtoyer les enfants des experts français dans l'enceinte de la cour de l'actuelle Pharmacie Centrale de Guinée, où travaillait le père.

Les relations amicales tissées entre les enfants ont abouti à une saine collaboration entre eux, facilitant ainsi au jeune Fodé Ibrahima Diaby, de s'approprier passablement de quelques mots de la langue française et a pu au contact de ses amis apprendre à compter et à dénombrer certains objets. Ceci sans savoir que cet apport pourrait être un avantage considérable, pour l'inscription dans une école publique.

L'inscription du fils aîné devenait une préoccupation essentielle et figurait en priorité dans un agenda dont mon père ne maîtrisait point les contours.

Ainsi le père se déplaçait-il d'une école à l'autre à travers les écoles primaires de Dixinn, Coléah, Madina et Belle Vue parmi lesquelles, seule l'école de Coléah était disponible à satisfaire cette demande et à la seule condition que l'enfant soit converti au Christianisme.

Cette offre n'était pas acceptable en raison de l'appartenance familiale à la religion musulmane, surtout que l'enfant fréquentait déjà l'école coranique.

L'équation à résoudre était de taille, les enfants de moins de sept ans n'étaient pas admissibles, ce qui réduisait considérablement la chance de trouver une solution au problème.

La surprise tant attendue viendra miraculeusement de l'école de Belle Vue, l'actuelle école Zosip Broz Tito ; suite à une heureuse coïncidence liée au passage de l'inspecteur général chargé de superviser le recrutement des nouvelles recrues.

La procédure consistait à faire l'appel des candidats en vue de retenir ceux qui répondaient effectivement aux critères du choix, en détectant les enfants de moins de sept ans et en soumettant les retenus à l'exercice de compter de un à dix, et à celui de donner leur âge, et leur filiation correcte.

C'est ainsi qu'après plusieurs appels, le fils de El hadj Thierno Souaïbou Diaby très attentif à la procédure a répondu, « présent » à cet appel qu'il attendait impatiemment, et la joie ainsi exprimée ne pouvait laisser indifférente cette foule qui l'acclama avec forte admiration.

Ce fut le tour de l'inspecteur général, visiblement satisfait de la prestation de l'enfant, de solliciter l'accord de cette foule et surtout des parents présents, en faveur de l'inscription de ce candidat exceptionnel.

Et son destin se joua en quelques minutes, suite à l'épreuve des questionnaires, il fut inscrit à l'école primaire de Belle Vue avec les vives félicitations des encadreurs et des parents ainsi présents.

Cet élève a connu un passage remarquable au primaire. Assidu et travailleur il a été plusieurs fois premier de la classe, de la première à la sixième année, détenteur du prix d'honneur de l'École Primaire de Belle Vue et premier à l'examen au Certificat d'Études primaires (CEP).

Ce fut un soulagement moral pour la famille, et ce résultat est considéré par les parents comme un pas sûr permettant à cet enfant d'aborder avec assurance et détermination les étapes suivantes de la vie scolaire.

C'est sur une initiative personnelle, que cet élève est allé vers madame Cellier, Directrice générale d'alors du Collège d'Enseignement général de Conakry 1, en lui exprimant le souhait d'étudier dans son établissement.

La Directrice de ce prestigieux établissement fut émerveillée par le rang de cet enfant au niveau de la région de Conakry et elle ne tardera pas à inviter le père dudit enfant pour un entretien, entretien dont l'issue permettra l'inscription du major au CEP de l'École Primaire de Belle Vue au Collège d'Enseignement général de Conakry 1.

Un autre souvenir plus accablant est vécu à la sous-préfecture de Porédaka, un évènement concernant le fils aîné de la famille. Le père envoya ma mère en ma compagnie à Djifing pour apporter une aide aux parents du village et elle profita du marché hebdomadaire de Porédaka pour y faire les achats. Occasion mise à profit par une femme de la contrée de voler son fils que je suis, et qui avait à peine ses cinq ans. Prise de panique, elle indisposa tout le marché par ses pleurs incessants et ne faisait que des va-et-vient, sans aucun résultat. Son inquiétude fut incontrôlable, surtout que le temps avançait vers le crépuscule. Elle se décida enfin de rentrer à Djifing pour informer les parents.

Sur le chemin de retour, de ma cachette j'ai entendu ses pleurs et je l'ai appelé de toutes mes forces. C'est ainsi qu'elle se dirigea vers le marigot, où je me trouvais camouflé et détenu par cette impitoyable femme. Je fus dès lors retrouvé et ainsi prit fin ce cauchemar qui m'habita et qui était surtout celui de ma chère maman durant le temps de ma captivité.

Le reste de la scène fut indescriptible, et ce à cause de l'acharnement de la foule en colère vers cette créature d'un autre âge. C'est ainsi que Dieu le tout puissant décida de mon sort, en me confiant une fois de plus à ma mère, et laissant le temps au destin de guider mes pas dans la vie de tous les jours.

CHAPITRE I

Conquête du savoir, du savoir-faire et du savoir-être

En abordant ce chapitre, il ne s'agira pas de passer en revue l'ensemble des formations reçues pendant les différents cycles, mais plutôt d'expliquer l'importance du savoir et du savoir-faire dans la vie courante et annoncer ainsi le début d'une véritable lutte contre l'analphabétisme et son cortège d'ignorance.

Cette lutte est celle de tous les hommes et de tous les peuples du monde, lutte à l'amorce de laquelle se trouvent en première ligne les enfants, espoir et fer de lance du développement universel.

Le chemin de la conquête du savoir et du savoir-faire est une autre réalité, il obéit à une règle de sélection dont l'application fait que chaque cycle a ses élus en fonction des efforts fournis, de l'école primaire à l'université.

On considère à propos que l'homme dans son évolution est un être en devenir, conscient du rôle à jouer dans le développement socio-économique et culturel du pays qui l'a vu naître.

C'est également un devoir patriotique qui interpelle la conscience de tout un chacun à vouloir participer aux efforts de développement de la patrie, et la meilleure voie, est de faire acquérir l'éducation et la formation adéquate par les enfants.

La conquête du savoir dans ce contexte consiste à se projeter dans un avenir couvrant les différentes disciplines scientifiques et techniques, avec l'ambition certaine d'acquérir un ensemble de connaissances dont l'issue finale est de posséder une parfaite maîtrise des métiers de développement.

Il est sage de garder en mémoire que l'on ne peut pas exceller dans un domaine que l'on ne maîtrise pas et que chaque peuple se développe à partir de son génie créateur, en profitant largement du savoir, du savoir-faire et du savoir-vivre de ses enfants.

Pour y réussir, la formation est un passage obligé pour la petite enfance, et l'école est le moyen incontournable pour les élèves de tous les cycles de mener des combats et gagner la lutte contre l'ignorance.

Combat d'élèves

Les élèves de la première année, de la seconde et ceux des lycées sont de véritables combattants en quête du savoir pour vaincre l'ignorance, véritable obstacle au progrès social et économique de toutes les nations.

Le primaire

C'est dans cette logique que les parents et élèves de l'école primaire de Belle Vue se sont engagés à participer à cet exaltant combat.

Le chemin parcouru ne sera pas toujours facile, en raison des problèmes d'adaptation des uns et des autres à cette nouvelle vie à laquelle se sont associés les vaillants maîtres qui ne ménageront aucun effort pour la réussite de leur mission d'éducateur.

Les anciens élèves de cette école se souviendront pour toujours de la qualité de l'éducation dont ils ont bénéficié durant leur passage. Des souvenirs souvent fondés sur une volonté ardente des maîtres à communiquer et à communier avec cette petite enfance, dont ils ont la charge d'encadrer et d'éduquer.

La rigueur était de mise, dans le seul but de qualifier constamment le travail des élèves. On constatait à la fin de chaque année, l'amélioration des résultats grâce aux efforts fournis par les encadreurs et les élèves. On dénombre de plus en plus des parents visiblement satisfaits par le taux élevé de passage en classe supérieure, ainsi que le nombre d'admis au certificat d'études primaires.

À l'école de Belle Vue, l'élève Fodé Ibrahima Diaby a été une référence, sur le plan des études de la première année à la sixième année, et a été rattrapé par un évènement qui a risqué de compromettre son ascension.

Les parents de ce garçon changeront de domicile pour habiter à Gbessia, à un mois de la tenue des examens d'entrée au collège. Dès lors l'enfant se rendait à l'école de Belle Vue en empruntant le train de la banlieue de Dar-Es-Salam à la gare de Dixinn, un peu éloignée de son établissement.

Un retard indépendant de sa volonté l'empêchait de participer à l'arrosage des fleurs, une activité inscrite obligatoire au programme pour tous. Cette absence a été considérée comme étant très grave et lui a valu un renvoi de l'école.

C'est dans cette atmosphère de désolation que le Directeur, après lui avoir remis son certificat de scolarité, ordonna à l'écolier de rejoindre l'école primaire de Gbessia.

Pris de panique et ne sachant à quel saint se vouer, le garçon se trouva un lieu de refuge, derrière le bâtiment principal. Et là, il prendra connaissance du contenu du papier en sa possession.

Après plusieurs lectures l'enfant a fini par se consoler par le fait qu'il est qualifié d'élève intelligent et travailleur, mais son inquiétude persistait par la découverte du mot « récalcitrant » et à cause de ce qualificatif il décida de résoudre le problème à son seul niveau, sans l'intervention des parents dont il craignait les réactions.

Toutes les doléances venant de parts et d'autres n'ont pas réussi à faire changer le directeur d'avis. Cette étonnante attitude rigide est considérée par l'ensemble des intervenants comme étant un abus d'autorité.

Malgré les appuis venant de toutes parts la préoccupation essentielle de l'élève était celle d'obtenir le Procès-Verbal (PV), que son Directeur refusait de le lui donner à tort.

Le seul moyen à la disposition de ce candidat pour connaître son PV était de se rendre selon les investigations, le jour de l'examen à l'École Primaire du Centre, école devant recevoir les candidats de l'École Primaire de Belle Vue, dont les patronymies commençaient par les lettres D et K. très tôt il se rendit dans ce centre après avoir passé une longue nuit, perturbée souvent par des cauchemars de toutes sortes, ne lui donnant aucun espoir pour une issue heureuse à cette incompréhensible situation. Et il finit par découvrir que son Directeur est aussi le président en charge de superviser l'examen dans cet établissement. C'est dans cet état d'âme qu'un ami de classe lui annonça la bonne nouvelle, relative à sa salle d'examen après avoir entendu son nom, au cours de l'appel invitant les candidats à rejoindre les salles.

Une circonstance mise à profit pour découvrir ce PV, un moment très attendu qui soulagea tous les esprits et annonça ainsi la fin de ce calvaire.

Cette « main invisible de Dieu » ouvre largement au candidat les portes de la chance ainsi que celle du succès tant espéré pour participer à son premier examen à l'échelle du pays ; examen à l'issue duquel, il fut le premier des admis de l'École Primaire de Belle Vue.

Le secondaire

Le nouvel élève sera inscrit au Collège d'enseignement général de Conakry 1, une prestigieuse école connue dans le pays, non seulement pour la qualité et le sérieux de l'encadrement, mais aussi pour les succès éclatants obtenus plusieurs fois aux résultats des examens de fin d'année.

Ces succès réussis, grâce à une « crème intellectuelle » constituée de professeurs chevronnés et au-dessus de tout soupçon, faisaient de cet établissement, la convoitise de nombreux candidats.

Les effectifs étaient très raisonnables dans les classes, une situation favorable à l'assimilation des cours, au suivi et au contrôle du travail quotidien.

Ce constat retiendra l'attention de nouveaux élèves prêts à rivaliser avec leurs condisciples dans cet exaltant combat pour l'avenir.

À eux de découvrir une autre réalité, celle de constater que contrairement à l'école élémentaire, à la place d'un seul instituteur pour toutes les matières, ils sont désormais soumis à un emploi de temps et un seul professeur par discipline. De quoi les émerveiller et susciter leur curiosité pour découvrir les noms des encadreurs en charge de leur formation.

Ceci fut une première dans leur nouvelle vie scolaire et ce sentiment commun est partagé pendant les heures de retrouvailles, principalement à celles de la récréation.

Il s'agit d'un rythme de travail inhabituel, mais réconfortant pour l'ensemble, malgré l'introduction de nouvelles matières et les travaux dirigés en chimie et en physique ; l'initiation dans une des langues anglaise ou arabe était programmée.

C'est dans cette nouvelle atmosphère que cet élève s'est investi de toutes ses forces. Et au-delà de sa préoccupation majeure qui est la conquête du savoir, il cherchera à élargir son cercle d'amitié et dans lequel se retrouvaient naturellement, les enfants des hauts cadres en majorité, des commerçants et de très modestes familles.

La volonté affichée de chaque élève était d'obtenir les meilleurs résultats afin d'occuper une place bien méritée dans les différentes classes.

La durée de la formation au secondaire fut de trois années scolaires, et pour le cas de ma promotion elle fut sanctionnée par l'examen au BECP, session 1968, examen qui a permis à chaque candidat de se faire un bilan pour accéder ou pas au cycle suivant.

Sur cette longue liste d'admis, Fodé Ibrahima Diaby occupait le 4ème rang du Collège de l'Enseignement général de Conakry 1, ce qui lui donna l'opportunité d'intégrer le cycle supérieur pour continuer sa formation.

Le Lycée

Le lycée 2 août de Conakry fut l'établissement sur lequel portera le choix du nouveau candidat et là, l'option TM (Technique mathématique), retiendra de plus son attention. À la suite de son inscription, il aura l'occasion de se familiariser avec certains élèves venant des collèges d'enseignement technique du pays.

Ce fut une véritable aventure pour les élèves en provenance des collèges d'enseignement général, lesquels ont été souvent confrontés à d'énormes difficultés liées à certaines matières de spécialités telles que le dessin technique, les séances des travaux pratiques en mécanique générale, et surtout l'utilisation des différentes machines-outils et celle des instruments de mesure comme le pied à coulisse, le micromètre et autres.

Grâce à une remarquable disponibilité et à travers un savoir-faire du corps professoral, la mise à niveau des élèves a été rendue effective dans un temps record

À la recherche de l'excellence, les élèves ont fourni tous les efforts pour le passage en classe supérieure d'une part et pour asseoir les bases nécessaires permettant d'affronter la première partie du BAC pour la session 1970, d'autre part.

Pas un seul échec en cette session et les épreuves du concours étaient à la portée des candidats qui se sont attelés avec succès à la fabrication individuelle d'une targette, petit verrou, généralement à tige plate, utilisée pour la fermeture des portes.

Le reflet des résultats de cet examen pourrait exhorter ces heureux admis à pouvoir sécuriser les portes de l'école, avec chacune de ces targettes, considérées en cette heureuse occasion, comme un inestimable acquis et un produit de leur savoir-faire.

La deuxième partie du BAC s'est tenue à la session 1971 et a connu un grand succès. Cette fois-ci l'épreuve pratique a permis la fabrication d'un fil à plomb, un outil qui sert à la pose des briques des édifices. Ce fil à plomb à la portée des admis serait interprété comme une manière d'encourager à plus de responsabilités et à plus d'engagements dans leur rôle de futurs bâtisseurs du pays.

Le cursus universitaire

L'étudiant que je suis, fut orienté à la faculté de Géologie-Mines de l'Institut Polytechnique Gamal Abdel Nasser de Conakry, et a été inscrit dans l'option Géochimie, où il a obtenu son diplôme d'ingénieur géochimiste en 1978, avec la mention Remarquable ; il est de la neuvième promotion de cette institution.

Le cycle universitaire a été de cinq années – BAC+ 5, et à la fin de celui-ci, chaque étudiant est ténu de présenter un mémoire de diplôme de fin d'études supérieures, devant un jury national présidé par un membre du gouvernement ou par son représentant.

Le mémoire présenté par le candidat, au contenu très modeste, s'inscrit dans le cadre de sa contribution à l'approfondissement des connaissances de notre patrimoine économique et a traité le thème sur la « Position structurale, Morphologie et Géochimie des intrusions mésozoïques de la Guinée maritime ».

Le choix de ce thème est d'un intérêt scientifique et économique certain.

Les intrusions mésozoïques, objet de cette étude, offrent dans les limites du territoire envisagé, d'immenses possibilités de découverte de minéraux utiles.

C'est à ces intrusions que sont liés les gisements des bauxites des Îles de Loos, des gisements de fer de Kaloum et de nombreux indices de chrome, de cobalt, de nickel, etc., pour ne citer que ces exemples.

Dans le cadre de ce mémoire, le travail consista à dégager pour la région d'étude les divers types d'intrusions magmatiques rapportés au mésozoïque, circonscrire leur extension géographique, dénombrer les phénomènes qui ont contrôlé leur genèse et cerner l'épineux problème de leur datation, et celui des questions relatives à leur position structurale, aux variétés morphologiques rencontrées pour ainsi parvenir à la détermination de leurs caractéristiques géochimiques.

Une telle étude revêt une importance évidente, elle a permis en effet de connaître la nature et la disposition des roches et d'accroître aussi l'efficacité des travaux de recherches géologiques, d'établir la nature des contacts entre les intrusions magmatiques et leurs roches encaissantes et enfin d'aboutir à la localisation des zones qui recèlent plus de minéraux utiles.

C'est au prix d'un travail acharné et encouragé par plusieurs chercheurs que cet étudiant a su cerner ce thème et rédiger son mémoire sur la base des données de différents rapports de mission des experts soviétiques, des diplômes antérieurs de fin d'études supérieures, et de ses propres données issues des investigations faites sur le terrain et celles obtenues dans les laboratoires.

Faudrait-il retenir que la Guinée maritime recèle d'importants gisements de fer, de bauxite, des indices de diamant d'Or, de chrome, de cobalt et de nickel. Cette région de la basse Guinée pourrait même offrir un tableau plus varié de minéraux utiles.

Cursus post-universitaire

C'est au titre de l'année universitaire de 1983-1984 que j'ai bénéficié d'une bourse d'études en Bulgarie en tant que candidat au doctorat. L'ingénieur géochimiste fut inscrit en 1984 à l'Institut Supérieur des Mines et de la Géologie appliquée de Sofia, après une année d'apprentissage de la langue bulgare.

Le Doyen de la faculté chargé des étudiants étrangers a attesté que le candidat a traité le thème relatif à « l'Or du gisement alluvionnaire de Matagania, en Guinée ». Il a passé ses examens à temps conformément à son plan individuel de travail et a obtenu les mentions : très bien en philosophie, Excellent en Spécialité (DEA) et Excellent en langue bulgare et auteur de quatre publications scientifiques relatives à son thème qui furent publiées dans l'annuaire de l'institut Supérieur des Mines et de la Géologie appliquée de Sofia, ce sont :

1-Fodé Ibrahima Diaby 1987 : L'Or du placer de Matagania en Guinée : granulométrie et particularités morphologiques. An. Inst. Min. Géol. Sofia. Volume XXXIII.

2-Fodé Ibrahima Diaby 1989 : Composition chimique et structure interne de l'Or du gisement de Matagania en Guinée. An. Inst. Min. Géol. Sofia. Volume XXXV.

3-Fodé Ibrahima Diaby et V.A. Atanassov 1989 Caractéristiques minéralogiques du gisement alluvionnaire de Matagania en Guinée. An. Inst. Min. Géol. Sofia Volume XXXV.

4-B.Bogdanov, R. Bogdanova et Fodé Ibrahima Diaby 1989. Particularités morphologiques des micro-cristallites de l'Or du placer de Matagania en Guinée. An. Inst. Min. Géol. Sofia Volume XXXV.

« Au cours de son séjour à l'Institut Supérieur des Mines et de la Géologie appliquée de Sofia, l'ingénieur guinéen a pris connaissance et maîtrisé différentes méthodes de recherche et de prospection des minéraux utiles et plus spécialement les méthodes granulométriques, morphométriques, la composition, les propriétés physiques (pouvoir réflecteur, microdureté, etc.) de l'Or. Une grande partie de ces méthodes est utilisée pour la première fois dans l'étude de l'Or alluvionnaire et est d'une utilité pour son activité ultérieure, en tant que spécialiste.

Il a fait preuve d'un vif intérêt et de ténacité lors de sa formation théorique et pratique dont le but a été d'étudier les caractéristiques morphométriques de l'Or en vue de la détermination de son origine primaire et de la genèse des alluvions ; au cours de cette période, il a réussi à maîtriser la langue bulgare.

Lors de ses études en Bulgarie il a acquis des connaissances approfondies en matière de géologie et de types industriels des minéraux utiles et s'est familiarisé avec les nouvelles méthodes de laboratoire pour l'étude des minerais et en particulier des gisements aurifères.

Il a visité et pris connaissance de certains gisements de minerai en Bulgarie. La formation théorique et l'expérience pratique acquises seront d'une grande utilité pour son activité en tant que spécialiste et chercheur en Guinée ».

Détenteur d'un doctorat Ph.D (Degree of Doctor in Philosophy) avec la mention Excellent, ce diplôme a été validé et certifié par le Ministère des Affaires étrangères de la Bulgarie, par l'Ambassade de France et de la Grande-Bretagne à Sofia (Bulgarie), par le ministre de l'Éducation nationale de la Guinée et Président de la Commission nationale des bourses et de la Recherche scientifique, enfin par le ministre de la Fonction publique guinéenne et de la Réforme administrative.

La consolidation des connaissances acquises au niveau des différents cycles a permis à l'élève d'alors de devenir un homme conscient du rôle à jouer dans la vie socio-économique de son pays. Et ce produit de l'école guinéenne ne pouvait qu'émerveiller les encadreurs et les autorités scientifiques de la Bulgarie, dans le cadre de la coopération bilatérale entre les deux pays.

[illegible] par l'Ambassade de France [illegible]
[illegible], par le ministre de l'Éducation
nationale de la Guinée et Président de la Commission
nationale des [illegible]
par le ministre de la Fonction publique [illegible] et de la
Réforme administrative.

La Fondation [illegible]
[illegible]
[illegible]
[illegible]
[illegible]
[illegible]
[illegible] entre les deux pays.

CHAPITRE II

Le premier emploi

L'Institut Valery Giscard D'Estaing de Faranah fut ma première destination, placé sous la tutelle du ministère de l'Enseignement supérieur et de la Recherche scientifique en 1978.

Cet établissement du quatrième cycle, sera destiné à la formation d'ingénieurs agronomes, aménagistes, zootechniciens, des médecins vétérinaires et de spécialistes des eaux et forêts, pour combler le déficit de cadres dont souffre le pays, dans la perspective de lui donner les moyens d'un développement socio — économique rassurant et durable.

Situé à Faranah, ville natale d'Ahmed Sékou Touré, premier président de la Guinée indépendante, cet Institut comprend plusieurs facultés et chacune d'elles est gérée par un Doyen de faculté.

L'ensemble de ces structures est placé sous l'autorité d'un Directeur général, assisté par un collaborateur, faisant office de Directeur général Adjoint qui le remplace en cas d'empêchement.

Les objectifs visés furent de réunir à travers la formation, les conditions d'amélioration des rendements de la production locale et celle destinée à l'exportation. Sont concernés par ce programme les cultures vivrières, le rendement des bovins, des ovins des caprins, ainsi que les travaux d'aménagement et de conservation de la faune et de la flore.

Faudrait-il se demander quelle sera la contribution d'un géo-mineur, dans un institut dont la vocation première est le développement agro-pastoral, dans une faculté d'agriculture qui se cherche.

Le cas de cet ingénieur géochimiste, diplômé de la Faculté de Géologie Mines de l'Institut Polytechnique Gamal Abdel Nasser de Guinée, n'était pas un fait isolé ; d'autres professeurs de différentes disciplines se retrouvaient dans toutes les facultés : des philosophes, des biologistes, des mathématiciens, des chimistes, des agronomes, des statisticiens et que sais-je encore, faisant de l'Institut un milieu très agréable à vivre.

En parlant des étudiants, ils sont venus de plusieurs régions du pays : Mamou, Labé, Conakry, Faranah, Kissidougou, Dabola, Macenta, Kindia, Kouroussa, Guékédou, Kankan, etc…

On peut estimer le nombre d'étudiants diplômés de cet institut à plus de trois mille en 1983. C'est dire qu'un travail incommensurable a été abattu par les encadreurs d'alors, parmi lesquels figure en bonne place Dr Ahmed Tidjane Souaré, ancien premier ministre.

Les ingénieurs de haut niveau de qualification scientifique et technique, relevant du domaine agro-pastoral, ont été formés et mis à la disposition du pays, quand bien même, les résultats escomptés tardent encore à se concrétiser.

La Faculté d'Agriculture

La direction de cette Faculté d'Agriculture fut assumée par d'éminents professionnels en la matière. El Hadj Aly Bérété, titulaire d'un diplôme d'ingénieur agronome en Égypte a été le premier Doyen de cette structure. Fodé Laye

Guilavogui, diplômé en entomologie (USA), occupa le poste de Vice-Doyen.

Un intérêt particulier a été accordé à la connaissance des sols de Guinée et le titulaire de la Chaire de pédologie fut mis à contribution pour donner une réponse à cette sollicitude de la hiérarchie.

Les cours de pédologie, de géologie générale, d'hydrogéologie dans les Facultés d'Aménagement, des Eaux et forêts et d'Agriculture sont désormais dispensés par le titulaire de la chaire de pédologie. Il se retrouva sur tous les fronts, en compagnie des collègues de toutes spécialités pour impulser le bon déroulement des activités inscrites au programme du Décanat.

Le sol, au-delà de son caractère utilitaire, permet aux plantes, aux cultures vivrières, en somme à la flore de se développer dans les limites d'un écosystème donné. Le sol peut être considéré alors, comme un « substratum » qui naît, se développe et meurt. À cet égard, il a fait l'objet d'une attention particulière à travers les différentes études et les débats scientifiques.

Les encadreurs de la chaire ont pu cerner cette problématique, et ont donné des réponses précises aux problèmes que posent la pédogénèse et la classification des sols de Guinée.

Les coupes pédologiques réalisées dans plusieurs types de sols et les résultats de laboratoires ont permis parfois, de déterminer les facteurs limitant le développement de certaines cultures, et d'envisager l'apport de mesures correctives en termes de fertilisants.

La connaissance parfaite de l'importance des minéraux, et des roches, a eu un impact non négligeable sur la compréhension de leur utilité en agriculture.

Grâce à l'implication personnelle de Monsieur Karamo Kourouma, Inspecteur régional de l'éducation d'alors à

Faranah, et à travers la volonté ardente et la disponibilité des encadreurs, l'IVGE est devenu par la suite un centre de rayonnement scientifique pour tout le pays.

Plus tard, plusieurs travaux d'expérimentation conduiront la direction générale de l'Institut à décider de passer, à la culture de riz à grande échelle, dans la plaine de Founkama, sur quelques dizaines d'hectares.

À propos fut constituée une équipe multidisciplinaire sous la conduite de Dr Boura Camara, directeur général de l'institut, pour la mise en œuvre de ce projet, déjà inscrit dans l'agenda de la direction et domicilié à la Faculté d'Agriculture.

Le projet de riziculture à grande échelle

Ce fut pour la Faculté d'Agriculture un défi de taille à relever, car cette activité concerne non seulement tout l'Institut, par l'ampleur des travaux à réaliser d'une part, et par une expertise technique de haut niveau d'autre part.

Ce projet est jugé réalisable par les différentes chaires qui ne tarderont pas à communiquer pour avis à l'autorité, un planning de travail.

À l'unanimité toutes les parties prenantes décident de la réalisation d'un barrage de retenue d'eau avec des installations d'irrigation de la plaine de Founkama. Ce programme prévoyait la mécanisation de la riziculture avec deux récoltes par an.

Ce rêve fut réalisé grâce au savoir-faire des professeurs de l'Institut et la récolte a été impressionnante, et le riz ensaché dans des centaines de sacs et exposés à l'attention des autorités du pays, sur un terrain aménagé pour la circonstance dans l'enceinte de l'établissement.

Ce coup d'essai devenu un coup de maître, a attiré et retenu la haute attention du président Ahmed Sékou Touré, lequel nous a rendu hommage en visitant ce magnifique barrage de retenue d'eau, encore profitable aujourd'hui à de nombreuses familles de la localité.

Bourse de formation en France

En 1980, un stage de formation est accordé à l'ingénieur Fodé Ibrahima Diaby, Chef de la chaire de pédologie à la Faculté d'Agriculture pour la France, stage organisé par l'Agence de Coopération Technique Industrielle Minière (ACTIM), suite à une mission de travail effectué par une délégation française à l'IVGE de Faranah.

Ce voyage se réalisa en mai 1981, et profitera également à madame Marie Antoinette Haba de la Direction nationale de l'Agriculture et à monsieur Bissy Tinguiano Directeur Régional de l'agriculture à Guékédou, relevant tous deux du Ministère de l'Agriculture.

En France les stagiaires guinéens ont fait la connaissance d'autres Africains concernés par la même formation ; ils sont de nationalité sénégalaise, congolaise et burkinabé, évoluant dans le secteur agricole dans leurs pays respectifs.

Les thèmes développés durant tout le stage étaient axés essentiellement sur la pédologie, l'agrochimie et d'autres domaines liés à l'activité agricole, dans le but de partager avec les stagiaires, au cours des différentes tables rondes, les expériences acquises par les experts en la matière au compte de la profession agricole.

Le stage s'étendra sur trois mois et sera mis à profit pour des rencontres intéressantes avec des agriculteurs français, dans les champs de blés, de vignes et de visites dans les fermes avicoles.

À Carcassonne et à Montpelier, stagiaires guinéens et sénégalais ont passé plusieurs journées de travail avec les agriculteurs français et autres. Un plat guinéen préparé par madame Antoinette Haba a été dégusté par les nouveaux convives que sont les agriculteurs français et leurs hôtes.

Les tables rondes par la pertinence des sujets abordés furent houleuses et créaient une atmosphère et une ambiance dignes d'un débat technique et scientifique très relevé.

L'opportunité nous a été aussi offerte de suivre avec intérêt, les différentes étapes de fabrication des engrais organiques, et de leur utilisation sur le terrain.

De même la visite de la mine d'Alsace a été d'un apport considérable pour les stagiaires guinéens, eux qui pour la première fois découvraient une mine souterraine située à plus de quatre cent mètres de profondeur.

Les mines d'Alsace se localisent dans une région souvent associée à la gastronomie, au vin et au tourisme. Cette localité a connu des activités minières fortes suite à une exploitation d'un gisement de potasse au nord de Mulhouse.

Il revenait souvent à l'ingénieur géochimiste guinéen de donner à ses coéquipiers des explications relatives à l'exploitation souterraine des ressources minières, à partir des connaissances acquises à la faculté des Mines et Géologie de Boké, une faculté de l'Institut Polytechnique Gamal Abdel Nasser de Conakry, en Guinée.

Les stagiaires ont apprécié les mesures de sécurité prises au cours de cette visite. Celle-ci restera longtemps gravée dans leur esprit et ils se souviendront des émotions survenues au moment de la descente dans la mine, ainsi que de leur présence au front de production de la potasse, et de la visite des infrastructures internes.

Ils ont admiré, au cours de cette visite, les travers-bancs, les soutènements, la remontée du minerai à travers le puits d'exploitation. L'attention des stagiaires que nous étions, a été fortement retenue par le système de ventilation d'évacuation des eaux, les panneaux de signalisation, la communication interne et externe, sans oublier l'ingénierie, l'électrification et l'encadrement technique du chantier.

À la fin de cette merveilleuse expérience, les visiteurs exprimèrent leur satisfaction à la direction managériale de cette mine de potasse d'Alsace.

Les nombreuses visites de terrain auprès des agriculteurs, des éleveurs, des industriels, dans les usines de production d'engrais organiques et de minéraux, ont ainsi cédé le pas à de fructueuses rencontres dans des laboratoires spécialisés pour les analyses des sols, et pour le traitement des produits agricoles ou industriels tels que le coton et l'hévéa.

Intensification de la recherche

De retour en Guinée, le doyen de la Faculté d'Agriculture, a sollicité, auprès des chefs de chaires, l'élaboration d'un programme d'intensification de la recherche pour l'amélioration de la production du riz, en termes de variété et de rendement à l'hectare.

En priorité, les étudiants sont engagés à effectuer sur le terrain d'intenses études expérimentales pour répondre ainsi aux attentes de l'encadrement. Plusieurs variétés de riz locales et étrangères furent l'objet de nombreuses investigations, lesquelles investigations aboutiront parfois à d'excellents résultats.

La chaire de pédologie a procédé en laboratoire à des essais pour la détermination minéralogique de quelques échantillons des sols en donnant des précisions sur leur structure et leur texture, et en indiquant le taux d'humidité, le type d'argile et d'humus, le rapport entre le carbone et l'azote, etc.

Le but fut de collecter le maximum d'informations pour faciliter la réussite du programme en cours d'exécution. Ce qui permettra aux étudiants et encadreurs de parfaire leur savoir-faire, et tirer de ces recherches d'énormes profits techniques et scientifiques. Tels sont les objectifs à atteindre.

Ces résultats sont souvent présentés en conseil de faculté et au cours des conférences scientifiques organisées à l'attention des spécialistes qui interviennent dans les activités agricoles de la région administrative de Faranah.

Ces résultats pourraient également concerner le Service national des Sols de Guinée (SENASOL), pour un travail d'échange et de partage avec les autorités scientifiques du pays, et même de la sous-région.

Et au cours de ces débats, de précieuses informations et recommandations sont faites, pour l'utilisation rationnelle des engrais et des herbicides, dans le cadre du suivi des activités agricoles, en direction des acteurs intéressés par la filière.

CHAPITRE III

À l'Office de recherches géologiques

Les activités de recherches géologiques étaient effectuées par l'Office de Recherches géologiques (ORG), constituant une division de la Direction nationale de la Géologie, du Ministère des Ressources naturelles et de l'Environnement. C'est en 1990 que je fus affecté à la Direction nationale de la Géologie, pour y travailler à l'Office de Recherches géologiques.

L'arrivée de Dr Fodé Ibrahima Diaby, comme celle de Dr Aliou Cissé, Dr Fodé Amara Camara et de Dr Alpha Diallo a suscité assez d'interprétation auprès des ingénieurs et autres encadreurs de cette institution.

Monsieur Alkaly Facinet Camara Directeur national d'alors a mis fin à ces rumeurs, au cours d'une assemblée générale des travailleurs, en précisant que notre présence répond au souci de renforcer et de mieux qualifier les capacités scientifiques et techniques des structures de recherches.

À ce titre, malgré quelques difficultés d'adaptation, nous réussirons à promouvoir et à élever le niveau des débats en jetant les bases d'une collaboration, en éloignant de nous, tout préjugé entre les travailleurs.

Cette atmosphère de confiance permettra de relever certains défis par la création de groupes de travail et par la recherche de solutions idoines pour répondre à des questions spécifiques liées à l'exercice du métier de géologue.

La réflexion sur la redynamisation de la recherche géologique sera confiée à Dr Fodé Ibrahima Diaby et aux ingénieurs Thierno Shita Diallo et Mohamed Kaba, et ce, suite à l'expiration du contrat du levé géologique, autrefois financé par l'Union des républiques socialistes soviétiques (URSS).

La commission de réflexion a proposé la création d'un fonds minier qui prendra en charge la poursuite des travaux de recherches géologiques dans tout le pays. Cette commission a suggéré à la Direction nationale, l'instauration d'une taxe sur le carburant pour l'approvisionnement de ce fonds, devenu aujourd'hui, le Fonds d'Investissement minier (FIM).

La tâche essentielle de l'ORG inscrite dans ses attributions fut d'approfondir les études géologiques et minières, dans la perspective d'enrichir les données scientifiques et minières sur la Guinée, de découvrir et de diversifier la liste des matières premières minérales du pays.

L'atteinte de l'objectif de l'ORG nécessite une véritable collaboration technique et scientifique des différentes divisions de la Direction nationale de la Géologie, dont le Laboratoire National de la Géologie, le Bureau guinéen de la Géologie appliquée, la Division des Études géophysiques et celle chargée de la Cartographie et de l'Inventaire des Substances minérales.

Les données obtenues par cette prestigieuse direction technique, prouvent à suffisance que le pays possède diverses matières minérales qui méritent d'être viabilisées.

Les travaux d'évaluation du potentiel minier de la Guinée ont été réalisés essentiellement par le levé géologique à l'échelle 1 : 200 000ème. Ce levé a permis d'identifier d'importantes ressources de bauxites et de fer dans plusieurs régions du pays, diverses anomalies d'uranium, d'indices de chrome, de cobalt, de nickel et du cuivre auxquels s'ajoutent de nombreuses découvertes d'or et de diamant.

L'aide de la coopération internationale avec plusieurs pays (URSS, Russie, Hongrie, Canada, Allemagne, Amérique, etc.) a été d'un apport considérable et elle a facilité la mise en place d'un riche patrimoine minier qui sans nul doute constituera la base d'un développement certain du pays tout entier.

Aussi, les rythmes croissants d'extraction de certains minerais, notamment la bauxite, l'Or et le diamant parmi tant d'autres, ouvrent la nécessité de poursuivre les travaux d'investigation et de recherche pour la découverte des nouvelles ressources complémentaires afin de mieux promouvoir le développement de l'économie nationale.

C'est la raison pour laquelle le travail effectué par cette direction technique mérite d'être poursuivi et soutenu par une large diffusion des résultats obtenus, à travers une base de données bien reconstituée et bien organisée dans un centre de documentation spécialisé « 'Mines et Géologie »'. Cela permettra de mieux orienter les travaux d'investigations, et de certification des indices des métaux de base et des anomalies d'uranium et minéraux associés.

Ces innombrables données ont une importance fondamentale dans l'histoire de l'exploitation minière et servent de bases de tous les travaux de prospection des ressources minérales.

La population locale doit aussi prendre en considération les activités de recherche et comprendre l'incidence économique de celles-ci sur la vie de la nation. Elle sera aussi informée de l'importance de l'existence des gisements des minéraux comme faisant partie intégrante des richesses naturelles de la société humaine et qui constitue un facteur déterminant pour le développement socio-économique du pays.

Se rapporte au gisement, toute accumulation de minéraux possédant la quantité et la qualité permettant une exploitation économiquement rentable.

La tâche spécifique du géologue est d'étudier et faire connaître les conditions géologiques et physico-chimiques particulières qui ont entraîné la concentration locale de la matière minérale, d'estimer quantitativement et qualitativement ladite concentration pour une éventuelle mise en valeur.

Une telle approche permet au géologue de communiquer avec les lecteurs intéressés à la recherche géologique, et d'avoir une meilleure lecture des sujets abordés. Il s'agit là d'une proposition qui faciliterait, le suivi des activités de recherche sur le terrain, et de partager les informations sur les moyens utilisés pour aboutir à la découverte des ressources minières de notre pays.

Débats internes

Des débats techniques et scientifiques sont souvent organisés sous la présidence de Dr Diao Diallo, chef de l'Office de Recherches géologiques (ORG) en compagnie d'éminents géologues comme Dr Alpha Diallo, Dr Aliou Cissé, Dr Fodé Ibrahima Diaby auxquels se joignaient les très éminents et respectés ingénieurs géologues : monsieur Hassimiou Diallo et monsieur Madany Baldé.

Les débats étaient axés en priorité, sur la géologie structurale, une branche de la géologie tectonique, qui étudie les particularités de l'arrangement et de l'évolution de l'écorce terrestre en rapport avec des actions mécaniques qui s'y déroulent : les mouvements et les déformations.

Au cours de ces débats, nombreux sont les problèmes structuraux, magmatiques, géomorphologiques, tectoniques qui ont attiré toute notre attention.

Les résultats ainsi obtenus sont réconfortants et utiles à l'Office de Recherches géologiques, à l'effet de booster les futurs projets d'exploration et d'exploitation des ressources minières, d'aménagement agricole, ou des travaux de génie civil, pour ne citer que ces exemples.

Le levé géologique

À notre prise de fonction à l'Office de Recherche géologique (ORG), il y avait qu'un seul projet en activité, c'est celui du levé géologique de la feuille NC-29-XIX, en moyenne Guinée, placé sous la coordination de l'ingénieur géologue Ibrahima Kalil Soumah, Chef de projet.

La participation de Dr Diaby, et des ingénieurs géologues Hassimiou Diallo et Madany Baldé, a été sollicitée par la Direction nationale de la Géologie, dans le but de renforcer l'équipe, en charge des travaux d'investigations, dont le chef de mission était l'ingénieur Alsény Bangoura.

La base vie du projet se trouve à Pita, une préfecture de la région administrative de Mamou, en moyenne Guinée. Pita fut le point de ralliement des membres de la mission.

De là, toutes les questions liées à la mise en route du programme sont discutées et évacuées en réunion technique, pour donner plus de lisibilité sur la nature des tâches à exécuter.

La tâche de Dr Diaby, convié pour se joindre à l'équipe du levé afin d'être dans les délais contractuels, a été la certification des indices d'or trouvés dans la région.

Par la suite, il demanda sur sa propre initiative de visiter le musée du projet et le laboratoire de campagne pour se faire une idée sur la nature des échantillons de roches collectés. Très ravi de l'ordre et du nombre varié des roches, le visiteur n'a pas manqué de rendre hommage à l'encadrement dudit projet.

Ceci révèle le caractère sérieux qui a prévalu dans l'exécution du travail déjà accompli. Ce constat n'est guère étonnant, car il vient d'un partenaire rassurant, ayant totalisé plusieurs années d'expérience dans la coopération bilatérale entre l'URSS et la Guinée.

L'équipe de ladite mission d'expédition est composée de divers spécialistes guinéens et soviétiques de haut niveau de qualification technique, des ouvriers qualifiés et autres personnes jugées utiles pour la réussite de la mission tels que les conducteurs d'engins et mécaniciens, ainsi que des manœuvres.

Particularité de la mission

Cette mission placée dans le cadre d'un appui de la direction nationale au projet de levé, doit permettre à l'encadrement d'achever ce programme de recherche, avant le début de la saison pluvieuse.

Malgré l'engagement tardif de cette initiative, la volonté ardente de l'équipe de contribuer efficacement à la réussite de la mission, dont la particularité réside dans le fait que les nouveaux intervenants, que nous sommes, seront occupés à des tâches particulières, sans négliger les préoccupations d'urgence, du chef des opérations techniques.

Le chef de mission du partenaire soviétique, en la personne de monsieur Varvarov, chargé de la planification des travaux, a décidé que je m'occupe de la recherche des indices.

Il a été question de tâches bien définies, intégrant l'observation des structures rencontrées sur des itinéraires précis, structures répertoriées sur la carte géologique générale de la région d'étude.

Les données recueillies seront aussitôt, inscrites dans un carnet ténu pour la circonstance, en indiquant le numéro de l'échantillon, les informations relatives à l'observation des pierres volantes et sur les affleurements.

Ce travail consistera aussi à procéder à des mesures de stratifications, de la schistosité, celles des fractures et à la détermination des différentes minéralisations, etc.

Les affleurements, en cas de rareté, seront recherchés le long des cours d'eau et des ravins. Ce travail se réalise grâce à l'utilisation de la carte topographique de la région, du marteau, de la boussole et du GPS, outils précieux du géologue.

Le porteur d'échantillons demeure un témoin clé de la complexité et l'endurance de cette exaltante tâche, engendrant de longues marches, souvent estimées à une dizaine de kilomètres par jour et plus dans certains cas.

Les prélèvements d'échantillons peuvent être faits dans « les lits des cours d'eau au niveau des graviers » ou en terrasse. Aussi, les concentrés des échantillons seront obtenus par le lavage à l'aide d'un pan ou d'une calebasse.

Au cours de nos retrouvailles au campement, les différents acteurs rendent compte de leurs activités, une occasion mise à profit par le chef de mission, pour apprécier le niveau d'exécution des programmes, la qualité du travail, et donner un avis sur les résultats obtenus, en relation avec les objectifs de la mission.

Sont concernés également par cette mission, des techniciens multidisciplinaires ayant une compétence avérée, dans la détermination des minéraux utiles, à l'interprétation des données géophysiques, hydrogéologiques, morphologiques des structures géologiques et la connaissance des divers types de minéralisation, pour ne citer que ces exemples.

En somme il s'agit d'un domaine transversal, nécessitant un apport scientifique très performant et rassurant. Aussi, des questions de plusieurs natures sont posées et suivies de réponses satisfaisantes, attestant que le travail accompli est de bonne qualité.

On retiendra que le levé géologique exécuté, dans cette partie de la couverture sédimentaire, a été de haut niveau technique et scientifique. Il a rassemblé et engagé des spécialistes étrangers et guinéens qui se sont investis sans relâche, dans les limites des coordonnées géographiques bien définies.

Chaque structure géologique a retenu leur attention, ceci pour cibler, au terme des analyses spécifiques en laboratoire, certains indices probables ou éligibles pour les futures recherches de certification. Il faut se réjouir du niveau de travail et l'excellence des résultats auxquels aura abouti cette mission.

La contribution tant attendue d'ailleurs, de Dr Diaby fut remarquable et il bénéficiera des félicitations de monsieur Varvarov, chef de l'expédition et celles de monsieur Alkaly Facinet Camara, Directeur national de la Géologie pour sa disponibilité et pour le travail bien accompli.

CHAPITRE IV

La Fonction de Géologue en chef

Ce sont les atouts et les témoignages qui contribueront à notre nomination sur proposition de la Direction nationale à la hiérarchie, comme géologue en chef du « 'Projet intégré des bauxites de Dian-Dian. »'

L'objet de ce projet était l'exploration, l'exploitation et la transformation des ressources bauxitiques en alumine dans le nord-ouest de la Guinée. Que voilà un autre défi et pas des moindres à relever.

Pour y parvenir, il fallait réaliser, dans les délais requis, une Étude de Faisabilité. Cette étude dont les contours sont largement expliqués dans ce chapitre constitue un pari gagné par une équipe multidisciplinaire.

La mise en place de cette équipe a fait beaucoup de remous à la Direction nationale de la Géologie. C'est ainsi que Monsieur Mansour Diallo, chef de la Division Prospection des ressources minérales, a proposé au Directeur national une liste d'ingénieurs et ouvriers qualifiés pour exécuter le contrat de travail relatif à l'évaluation des plateaux bauxitiques de Dian-Dian.

Celle-ci ne faisant pas l'unanimité, Monsieur Alkaly Fassine Camara, a demandé que la composition de l'équipe se fasse en toute transparence, en tenant compte du savoir-faire et la disponibilité de chaque candidat.

Cet exercice commença avec un réel engouement par les maîtres-sondeurs qui sera suivi des maître-mécaniciens, des chauffeurs et d'autres ouvriers. L'opération s'est passée dans un esprit de parfaite entente et sans heurts.

La même atmosphère de compréhension se lisait dans le visage des encadreurs. Tous les postes ont été pourvus, à l'exception de celui du chef du projet qui sera désigné par le chef du Département.

Sur désistement de l'ingénieur Madani Baldé, le poste de chef des opérations techniques, m'a été confié, en qualité de deuxième responsable de l'encadrement de l'équipe. La liste fut transmise à l'Autorité.

À la grande surprise de la Direction nationale de la Géologie, l'Arrêté signé par le ministre de tutelle nomma les ingénieurs : Mamadou Max Camara chef du projet, suivi de Madani Baldé chef des opérations techniques, les ingénieurs Ibrahima Camara chef de mission, Antoine Cissoko Chef de la logistique et enfin je fus choisi pour le poste de géologue en chef du projet. Les ingénieurs Lamarana Baldé et Telico Barry sont désignés chefs d'équipe des travaux de sondages et l'ingénieur Abdoulaye Sylla démissionna pour des raisons qui lui sont propres.

La réalité des faits sur le terrain décida autrement, le géologue en chef soviétique qui fut mon homologue, est bien le chef des opérations techniques du projet. Les incohérences ont vite cessé et la plénitude des tâches est revenue à qui de droit.

Les géologues en chef des deux partenaires ont étroitement collaboré pour faire avancer le programme des travaux à la satisfaction de toute l'équipe. C'est ainsi qu'ils ont accompli la tâche qui leur a été confiée avec un professionnalisme avéré et satisfaisant selon les membres de l'encadrement technique du projet.

L'éminent géologue Madani Baldé n'a pas manqué d'adresser des éloges à l'endroit du Géologue en Chef guinéen en ces termes : « Personne n'ignore la valeur de Dr Diaby sur le plan professionnel et scientifique, mais son problème réside dans le fait d'avoir trouvé des gens en rang, et de vouloir les sauter pour se mettre devant ».

Il exprimait ainsi une pensée que beaucoup d'ingénieurs gardaient en eux, et qui étaient les conspirateurs des petits ressentiments à l'endroit de leur collègue pour l'empêcher ainsi d'accomplir un devoir patriotique à l'endroit du pays ayant contribué à sa formation.

Historique des plateaux bauxitiques de Dian-Dian

La Guinée est la plus grande province de bauxite au monde, et les meilleures ressources en la matière ont été identifiées et localisées dans la région de Boké, elles y sont connues, à travers des groupes de plateaux bauxitiques, dont ceux du Nord-Ouest du fleuve Kogon (groupe Gaoual) et ceux du sud-ouest de Kogon (groupe Dian-Dian), portant le nom du village « 'Dian-Dian »'.

Le groupe de Dian-Dian comprend 17 gisements et les plus importants, en termes de réserves de très bonnes qualités sont : les gisements ou les plateaux de Dian-Dian, Sinthourou et de Ourourbhé totalisant une réserve de 660 mln. t de bauxite. Ces plateaux bauxitiques couvrent une superficie de 856 Km^2 et ils se situent à 370 km de la capitale Conakry, en République de Guinée.

Cette bauxite a suscité, de par sa qualité, un intérêt exceptionnel, auprès des sociétés de renommée internationale.

Parmi ces sociétés on peut citer : la « Compagnie des Bauxites du Midi » ; la « Société Alusuisse », l'Institut Vami, et COBAD (Rusal) et filiales.

La « Compagnie des Bauxites du Midi »

Les études de ces gisements de bauxites ont débuté entre 1920 — 1921, par la « Compagnie des Bauxites du midi » de France, une filiale de la Société d'Aluminium « LTM » ces travaux sporadiques se sont poursuivis jusqu'en 1962.

La « Compagnie des Bauxites du Midi » a couvert une bonne partie de ces gisements à la maille de 600 x 600 m. Les lots les plus importants sont prospectés à la maille de 3 00 x 300 m., parfois à 150 x 150m. La teneur de la bauxite variait entre 46 % et 56 % et celle de la silice est moins de 2 %.

La Société Alusuisse

Il revenait ainsi à la société OFFSET Group des Émirats Arabes Unis d'assurer la relève en signant une convention avec l'État guinéen.

Ainsi la société Alusuisse fut choisie pour effectuer les travaux de prospection détaillée qui démarrèrent en 1976, dans le cadre du développement du grand projet « Ayékoé ». Cette société a causé assez de pertes de temps pour développer ce projet et a fini par arrêter les recherches en 1978.

Le Projet intégré de Dian-Dian (PIDD)

L'avènement du Projet intégré de Dian-Dian a eu lieu en 1990, et a permis aux partenaires guinéen et soviétique de procéder à l'évaluation de l'ensemble des études antérieures effectuées par la « Compagnie des Bauxites du Midi » et par la Société « Alusuisse ». Ce projet travaillera à l'élaboration d'une nouvelle Étude de Faisabilité pour une exploitation intégrée de ces ressources minières.

La volonté du partenaire Soviétique de transformer, une partie de la bauxite de Dian-Dian sur place fut un signal fort en direction d'Alcoa et Alcan, présentes depuis des années dans notre pays, mais n'ayant jamais initié la construction d'une raffinerie sur le sol guinéen.

Évaluation des travaux d'Alusuisse

La société Alusuisse n'a pu établir que 195.2 millions de tonnes (miln. t) de bauxites à la teneur moyenne d'alumine de 49.66 % et une teneur moyenne en silice de 1.72 %. La puissance moyenne de la minéralisation est de 8.46 m.

Pratiquement Alusuisse n'a pas tenu compte de la teneur en alumine de la couverture sur les surfaces forées.

L'analyse des données disponibles sur les investigations géologiques, produites par Alusuisse, n'a pas permis de cerner le contrôle de l'authenticité des travaux de forage, de l'échantillonnage et des analyses chimiques.

Ces constats ont abouti à la décision des partenaires guinéen et soviétique de s'offrir les moyens de vérifier toutes les données antérieures.

À la suite de cette vérification, on procédera à la confirmation et à la prise en compte des données s'inscrivant dans la dynamique d'une « Étude de Faisabilité » fiable et pouvant assurer le développement de ce projet.

Prestation de service de la DNG

Le travail de vérification des données antérieures fut effectué par l'équipe mise en place par la Direction nationale de la Géologie, avec un appui technique de « Zaroubejéologuia », une société soviétique signataire du contrat entre les deux parties.

Le but recherché, fut de trouver dans les meilleurs délais, une ressource de 500 millions de tonnes de Bauxite, dont 300 millions, destinées à une exploitation industrielle.

Ce contrat a permis l'exécution de 302 forages de confirmation et l'analyse de 3342 échantillons, en URSS par les instituts VAMI et Gipronikel. Les réserves prouvées par « ' Alusuisse ont augmenté, en passant de 195,2 mln. t à 232 mln. t soit une augmentation de 18,6 %. De plus la sûreté de la justification s'est accrue, car la variante utilisée par la

DNG comprenait 4,7 % de forages sans minerai contre 30 % des forages exécutés par « 'Alusuisse.

L'analyse chimique des échantillons et les traitements des résultats dans 7 blocs du gisement de Dian-Dian et 5 blocs du gisement de Sinthourou, ont été faits sur plus de 75 % des ressources explorées par la société Alusuisse.

Suite à ces investigations, il a été constaté que la teneur moyenne d'alumine a été réduite de 5,3 % par Alusuisse, et la quantité des ressources a également diminué de 17.5 %.

De plus les documents de la prospection géologique sont insuffisants pour entreprendre une exploitation de ces ressources, ceci s'explique par le manque des données sur la prospection détaillée des gisements identifiés.

Aucune information suffisante n'existe sur les études hydrogéologiques, sur les caractéristiques physico-mécaniques du minerai et celles relatives au contrôle des forages d'échantillonnage, à la topographie et à l'analyse des différents résultats.

Ainsi les ressources prospectées à la maille de 100 x 100 m sont qualifiées de la catégorie C_1 et celles prospectées à la maille de 300 x300 m, sont classées de la catégorie C_2.

Cependant les résultats de toutes les investigations menées par la Direction nationale confirment que le groupe des gisements de Dian-Dian comprend 9 blocs géologiques réunis en 3 gisements.

Le groupe de Sinthourou est constitué de 10 blocs géologiques repartis en 9 gisements qui serviront de base pour les futurs travaux de prospection détaillée, tant ambitionnés par les partenaires guinéen et soviétique.

Les conditions géologiques de chacun des gisements sont favorables à une exploitation à ciel ouvert. Les réserves exploitables des gisements de Dian-DIan sont : 105,3 millions de tonnes et celles des gisements de Sinthourou sont : 149,9 millions de tonnes, en poids brut.

La production de la mine sera de 10 millions de tonnes de bauxite par an. La durée de vie de la mine est estimée à trente années. On note que les volumes annuels de l'exploitation de la bauxite superficielle sont relativement petits. Ce volume sera au maximum de 700 mille m^3.

Les minerais les plus riches, étant de la première qualité, sont destinés à l'exportation et les minerais de la seconde qualité serviront de matière première à l'usine d'alumine locale en projet.

L'exploitation de la bauxite débutera au sud du gisement de Dian-Dian, pour permettre l'exportation de la bauxite à la teneur forte en alumine conformément au contrat liant les partenaires guinéen et soviétique.

Usine d'Alumine

L'Étude de Faisabilité a retenu, conformément aux cahiers de charge, la construction d'une raffinerie de 800 mille tonnes d'alumine par an, en dehors de la zone de production. Une possible extension de sa capacité à 1000 mille tonnes par an n'est pas à exclure et pourrait atteindre une capacité de 2000 milles tonnes d'alumine par an, en utilisant les ressources se trouvant vers l'Est du chantier.

En ce qui concerne l'implantation de la raffinerie d'alumine, deux variantes sont retenues, soit dans la région du port d'évacuation du minerai, soit à proximité de la zone de production de la bauxite.

On retiendra que le Projet intégré de Dian-Dian a procédé à l'évaluation de l'ensemble des études antérieures concernant la mine, les infrastructures de base et la raffinerie.

La COBAD

La Compagnie des Bauxites et d'Alumine de Dian — Dian a signé en 2012 avec l'État guinéen l'annexe XI faisant partie intégrante de la convention de base de 2001 liant les parties concernant les nouvelles orientations du projet dans le cadre de son développement.

Le contenu dudit accord prévoit l'exploitation des gisements des bauxites de :

__Dian-Dian : 203,016 millions de tonnes de bauxite en réserves prouvées avec une teneur en alumine (Al_2O_3) de 48,3 % et en silice ($Si O_2$) de 1,536 % ;

— Sinthiourou : 259,276 millions de tonnes de bauxite en réserves prouvées avec une teneur en alumine (Al_2O_3) de 48,3 % et en silice ($Si O_2$) de 1,52 %.

— Ourourbhé : 175 millions de tonnes en réserves prouvées avec une teneur en alumine ($Al_2 O_3$) de 48,1 % et en silice (SiO_2) de 1,50 %.

Le Gouvernement guinéen et la Société Rusal ont signé, en 2012, l'Annexe XI à Paris qui fait partie intégrante de la convention de base de 2001, prévoyant l'exploitation des gisements de Dian-Dian que sont :

— Phase 1 - construction d'une mine de bauxite d'une capacité de trois millions par an. Au cours de la même période, Rusal réalisera deux études de faisabilités de 2013 à 2015 sur :

— Un projet d'extension de bauxite jusqu'à neuf millions de tonnes par an et

— La construction d'une raffinerie d'Alumine de 1,2 million de tonnes par an.

— Phase 2 : doublement de la capacité initiale à l'horizon 2019

— Phase 3 : À partir de 2019 - construction de la raffinerie d'alumine de 1,2 million de tonnes par an, avec une augmentation progressive de la production de la bauxite.

— Phase 4 : Extension de la raffinerie d'alumine jusqu'à 2,4 millions de tonnes par an.

— La COBAD a été autorisée par le Gouvernement d'utiliser le chemin de fer de l'Agence Nationale de l'Aménagement des Infrastructures minières (ANAIM) qui est une propriété de l'État.

Situation actuelle de la COBAD

Le Gouvernement guinéen a mis à la disposition de la COBAD, une superficie de 15 km^2 pour la construction de l'infrastructure portuaire.

Le partenaire Rusal a investi près de 250 millions de dollars américains pour faciliter la mise en œuvre de ce projet. Ceci pour réaliser les travaux d'exploitation, de transport et d'évacuation de la bauxite par le port de Téréssa, dans la préfecture de Boké. L'exportation de la bauxite a effectivement démarré courant 2018. On pourrait s'attendre à une augmentation du volume des investissements, avec une implication financière très importante et complémentaire, dans le cadre de l'amélioration des conditions du travail de l'Entreprise minière en pleine mutation.

CHAPITRE V

Avènement de la SIDEM

La Société Internationale pour le Développement minier (SIDEM) fut la première société minière privée fondée en Guinée sur l'initiative des cadres guinéens évoluant dans le secteur minier. En effet Dr Diaby, principal initiateur, fera appel au concours et à la collaboration de Dr Aliou Cissé, actuel Directeur national de la Géologie et de Elhadj Fodé Cissé, ancien ambassadeur de la Guinée en Égypte, pour créer la SIDEM, qui est une société anonyme de droit guinéen.

Cette Société a pour objet, la recherche, l'exploitation et la commercialisation de l'Or, du Diamant et autres minéraux utiles, avec la possibilité d'exercer des opérations d'import-export et accessoirement de réaliser les travaux de construction et de prestation de services.

Pour une durée de vie de quatre-vingt-dix-neuf (99) ans, sauf dissolution anticipée ou prorogation, elle s'occupe généralement de toutes opérations se rattachant directement ou indirectement à l'objet social ci-dessus défini.

L'objectif essentiel de ce chapitre est de partager avec les spécialistes du secteur minier, le contenu du programme et le budget proposés par les partenaires pour la réalisation des travaux de recherche et de prospection de l'Or et du diamant, dudit projet.

Ceci mérite d'être pris en compte pour apprécier les moyens techniques et financiers mobilisés, à l'effet de permettre aux différents intervenants, d'accomplir un travail, à la hauteur de toutes les attentes. Ce défi à relever était la préoccupation majeure de chacun des cadres décidés à donner le meilleur exemple, pour la réussite de cette exaltante mission.

Et pour y parvenir, la société SIDEM de droit Guinéen, la société « 'Ressources naturelles mondiales »' de droit Russe, et des spécialistes Guinéens, ont contribué à la mise en œuvre de ce projet, à l'aide d'un financement de la société Solaris Li & Co de droit Russe.

Présentation de la Région

La région concernée par les travaux de recherches, de prospection et d'exploitation de l'Or et du Diamant se trouve à l'intérieur du pays et le centre des travaux en question est le village Tankolo situé à 800 km de Conakry et à 80 km de Kankan, dans la sous-préfecture de Moribaya.

La route qui relie la capitale au village Tankolo en passant par Kissidougou est bitumée jusqu'à la ville de kissidougou et le reste est carrossable de Kissidougou à Tankolo.

La superficie de la zone des travaux est de 1681,48 Km^2. Elle a été déterminée à partir de la feuille topographique de Kérouané à l'échelle 1 : 200 000$^{eme.}$

C'est la voie terrestre qui est prévue pour l'acheminement des équipements et du matériel de travail.

Le climat est tropical, sud soudanien, humide avec de fortes pluies. Les mois de juin, juillet ; août, septembre connaissent de fortes précipitations et ne sont pas favorables aux travaux de recherches géologiques dans la zone.

La température moyenne de l'année est de + 12° pendant la nuit au mois de décembre à + 43° pendant le jour au mois de mars.

Le relief de la région est modéré, mais dans la partie sud s'allonge une chaîne de collines de direction nord - ouest avec une altitude absolue de 592 m.

Le dénivellement du relief par rapport au lit du fleuve Milo dans la zone peut atteindre souvent les 200 m, tandis qu'il est de 100 m en moyenne dans la majorité des cas rencontrés.

Le Milo est une source d'eau permanente de la région, les autres rivières tarissent pendant la saison sèche.

Les vallées du Milo sont constituées de grandes plaines et de hautes terrasses qui composent l'essentiel des plaines alluvionnaires.

La population de cette région est relativement dense, elle s'occupe essentiellement de l'agriculture, de la construction et souvent elle s'attelle à l'exploitation des zones aurifères.

Recherches antérieures

Les travaux du levé géologique, à l'échelle 1 : 200 000ème ont été effectués par la Direction nationale de la Géologie en 1991. Les résultats de ce levé ne seront pas utilisés au cours de cette mission, pour la simple raison qu'ils ne seront disponibles qu'en 1993, après ladite expédition.

Les données géologiques utilisées par la SIDEM, sont établies sur la base des premières informations obtenues à partir des recherches effectuées dans le cadre de la coopération soviétique et guinéenne de 1961 à 1962.

Sont également pris en compte les résultats des travaux effectués par le Bureau de Recherche géologique et Minière (BRGM), en collaboration avec les Experts guinéens, dans la vallée du Milo de 1977 à 1986

Le territoire en question n'a pas fait l'objet d'études géologiques systématiques, on y rencontre souvent des traces d'ouvrages miniers à volume réduit, exécutés par les orpailleurs locaux.

Il y a lieu de noter que le niveau très faible des investigations géologiques dans la région n'a pas permis une évaluation exhaustive des réserves en or et en diamant dans les limites du cours moyen du Milo.

Données géologiques et géomorphologiques

Dans cette région on rencontre les formations magmatiques du protérozoïque inférieur, des roches métamorphiques et sédimentaires traversées par les intrusions magmatiques basiques du mésozoïque.

— Les roches magmatiques du protérozoïque inférieur sont très développées dans la région ; elles sont représentées par les granites à amphibole et à biotite faiblement cristallisés ; et par les microgranites en filon. Ces roches couvrent la majorité du territoire.

— Les roches métamorphiques se rencontrent dans la partie Est du village Kourouko et se développent jusqu'au village Lela ; elles se composent des migmatites et gneiss et de micaschistes.

— Les roches sédimentaires sont formées de grès arkoses faiblement disloqués avec les intercalations de conglomérats de roches de la série Lekoro du protérozoïque inférieur qui s'étend du Sud-Est vers l'Est de la région du fleuve Milo.

— Les roches magmatiques du mésozoïque sont constituées essentiellement de dolerites qui forment les sills et les dykes très répandus dans la région. Les zones de fissuration de différentes orientations recoupent toutes les formations et sont bien déchiffrables sur les photos aériennes. Les failles de direction NE et NO sont bien visibles.

Les réseaux hydrographiques bien développés composent les ruisseaux des affluents gauches du Milo, indiquent l'orientation des zones des fissurations et des failles.

La géomorphologie de la région est représentée par un système de surface d'aplanissement du pliocène inférieur et du pléistocène intercalés par les vallées jeunes des rivières de l'époque holocène et pléistocène.

Les formations holocènes sont très développées au nord de la région et sont sans aucune influence au Sud. Les vallées du Sud sont très larges avec un volume considérable d'alluvions, contrairement à celles rencontrées dans le nord de la région.

La partie sud-ouest est traversée par la chaîne de Niandan dont les sommets constituent les restes de la superficie d'aplanissement et atteignent une altitude de 570-590 m.

Au sud-ouest de la région, on rencontre une paléo-vallée du pléistocène inférieur, intercalant avec celle du pléistocène supérieur qui s'étend du village Manou Doria jusqu'à Kourouko ;

La vallée du fleuve Milo est très vaste avec des terrasses de l'époque holocène dont les altitudes atteignent les 10 m. Cette vallée est assez bien formée.

On rencontre une cascade de chutes d'eau en aval du Milo, près du village Nanoumoroudou.

Potentiel aurifère de la région

Les activités d'orpaillage sont très bien connues dans la région bien qu'elles soient beaucoup plus développées au sud du territoire contigu.

L'épaisseur des couches de recouvrement (la tourbe) des gîtes alluvionnaires est de 5.0 – 7.0 m, il atteint rarement 15 m et l'épaisseur de la couche payante est de 0.5 à 1.7 m ; (d'après les informations données par les orpailleurs).

Les alluvions des rivières se composent généralement de galets de granitoïde et plus rarement des galets de quartz filoniens.

Les teneurs données par les orpailleurs travaillant au sud du territoire choisi sont de 1.5 – 5 g/m^3 et même plus.

L'Or se présente sous forme d'écailles de petites tailles, de couleur variant du jaune au jaune-laiton. Les écailles sont souvent oxydées et très rarement dans les galets de quartz, dans lesquels on rencontre les cristaux d'or très fin.

D'après les données des géologues français, on a trouvé du diamant aux environs du village Kankakouali ?

Apports techniques au projet

L'exécution correcte des travaux envisagés, dans le cadre de la recherche, la prospection et l'exploitation estimative de l'or et du diamant, exige l'utilisation d'une méthodologie de travail et d'appareils complexes permettant de :

— créer un réseau de base géodésique ;

— établir des cartes topographiques aux échelles 1 : 10 000 et 1 : 5 000 pour certaines zones ;

— cartographier toutes les formations géologiques sur la base des cartes topographiques et de procéder à la documentation géologique à travers les itinéraires, les travaux de forage, et les excavations minières.

Une équipe composée d'un ingénieur topographe, d'un technicien cartographe et de trois ouvriers, sera chargée de la réalisation de ces travaux. Elle créera la base géodésique, indiquera sur le terrain l'emplacement des carrières, et des constructions, et procédera au rattachement des objets géologiques.

L'élaboration des cartes topographiques aux échelles 1 : 10 000 et 1 : 5 000, et d'autres seront réalisées sur la base d'un contrat d'assistance technique.

Les itinéraires de recherches, les travaux de prospection et d'exploitation pendant la phase d'essai seront dirigés par un géologue en chef et son équipe composée de spécialistes guinéens et russes.

Le géologue en chef organisera, dirigera et contrôlera tous les travaux conformément aux clauses du contrat qui le lie à la SIDEM.

L'Or obtenu au cours des travaux de recherches et pendant la phase de l'exploitation d'essai prévue par le projet, est à présenter à la trésorerie de la SIDEM SA et sera traité conformément à la loi et au statut de la société.

Recherche, Prospection et Exploitation d'essai

Les travaux seront réalisés en trois étapes

Première étape (recherche)

— Faire des itinéraires géologiques et géomorphologiques à l'échelle 1 : 100 000 le long des affluents gauches du Milo dans la partie gauche du territoire suivi d'échantillonnage de concentrés.

— Réaliser des itinéraires géophysiques à l'échelle 1 : 100 000 avec des itinéraires de contrôles détaillés à l'échelle 1 : 10 000 sur les terrains ayant présenté des anomalies.

— Exécuter des itinéraires géologiques détaillés à l'échelle 1 : 10 000 sur les terrains les plus prometteurs suivis d'échantillonnage de concentrés.

— Foncer des puits à petite section non brisée et échantillonnage de la masse abattue avec utilisation des appareils industriels pour le lavage des produits.

— Tracer les profils de recherche pour exécuter des sondages à vis dont les échantillons seront traités à la batée ou par séparateur à centrifuge.

— Faire une étude minéralogique et auro métrique des concentrés.

— Exécuter des puits de mine en série, pour le prélèvement de l'échantillon représentatif sur les terrains qui feront l'objet d'exploitation d'essai afin de déterminer les caractéristiques technologiques initiales de la masse de terre abattue et de pouvoir choisir l'équipement d'exploitation adéquat.

Le délai de réalisation des travaux de cette première étape est de six (6) mois. Les résultats obtenus serviront dans le choix des secteurs pour les futurs travaux de prospection. À propos, le géologue en chef présentera un rapport détaillé des résultats géologiques.

Deuxième étape (Recherche et prospection)

Les travaux à réaliser au cours de cette étape sont les suivants :

— Le sondage à vis et le fonçage de puits sur les terrains étudiés au cours des travaux de recherches afin de passer à l'estimation des réserves en Or et en d'autres composants.

— Poursuite des travaux de recherche dans la partie nord du territoire.

— Exécution des sondages carottant dans la zone de la chaîne de Niandan afin de préciser les caractéristiques pétrographiques et technologiques de la roche-mère des gîtes aurifères primaires.

— Les études minéralogique, pétrographique et technologique des échantillons.

— Excavation initiale de la carrière devant servir à l'exploitation d'essai, installation des équipements et début de l'exploitation de l'Or.

Le délai d'exécution des travaux est de six (6) mois.

Troisième étape

— Poursuite des travaux de recherche sur les nouveaux terrains avec exécution des sondages à vis, carottant et fonçage des points de mine.

— Synthèse des résultats des travaux de recherches et de prospection de la région, estimation totale des réserves en Or de certains placers.

— Synthèse des données des travaux de l'exploitation d'essai de l'Or.

— Rapport définitif sur les travaux de recherche de prospection et de l'exploitation d'essai. Ce rapport sera présenté à l'administration de la société SIDEM SA, par le géologue en chef.

La troisième étape doit être achevée après 24 mois, à partir du début de la première étape ou 12 mois après la deuxième étape.

Au cours des travaux, le géologue en chef informera l'administration de la société par l'intermédiaire de son directeur général des résultats obtenus, de l'état d'avancement des travaux et des changements intervenus dans l'exécution du programme des travaux.

Le volume des travaux de la troisième étape et de son orientation dépend en grande partie des résultats obtenus lors de la première et deuxième étape, ceci permettra d'utiliser pleinement les ingénieurs, le potentiel technique de la mission géologique.

Organisation des travaux

C'est une mission géologique composée de spécialistes guinéens et étrangers qui aura la charge d'exécuter les travaux selon le programme préétabli.

La période d'organisation s'étend sur quatre (4) mois et elle commence à partir de la date d'obtention de l'agrément du Ministère des Ressources naturelles, des Énergies et de l'Environnement.

Pendant ce temps on procédera au recrutement des différents spécialistes, à l'importation de la Russie du matériel et des moyens techniques nécessaires à la construction de la base industrielle de la mission géologique.

Le Directeur général et son personnel ont charge de résoudre les différents problèmes liés à la création de la mission géologique.

— Remplir les formalités pour la légalisation de la mission auprès des autorités préfectorales de la zone de leur activité.

— Organiser la réception, l'hébergement des spécialistes étrangers recrutés dans le cadre du Contrat d'Assistance technique et de procéder à la légalisation de leur séjour en Guinée.

— Procéder au retrait du matériel et des équipements du port de Conakry et organiser leur expédition sur le terrain.

— Engager les spécialistes et ouvriers guinéens, choisir les consultants selon la législation du travail en Guinée.

— Accomplir toutes les formalités liées à l'octroi du permis d'exploitation des ressources minières en Guinée et obtenir les autorisations pour réaliser les travaux de Génie civil (construction, voies d'accès…) pour ainsi faciliter l'installation de la mission géologique dans la zone d'étude.

— Assurer la sécurité de tous les travailleurs de la mission et leur créer les conditions de travail nécessaires pour la réalisation des travaux.

— Installer une radio communautaire entre la base de la mission géologique et la Direction générale de la société SIDEM.

— Retenir que c'est la mission géologique désignée à cet effet qui exécutera et cela pendant 24 mois, tous les travaux de recherches, de prospection et d'exploitation d'essai.

Une commission sera mise en place pour résoudre, pendant les quatre (4) mois d'organisation, toutes les questions relatives aux choix des terrains favorables à l'exploitation industrielle, aux processus d'utilisation des informations recueillies, et des moyens techniques mis à la disposition de la société, et à la gestion correcte et efficace du personnel, et de définir les relations entre la direction de la société et les autorités compétentes de la Guinée.

Tableau 1 : ***Personnel pour la réalisation du projet de la SIDEM***

N° d'ordre	*Désignation*	*Nombre du personnel*		*Total de l'effectif*
		Étrangers	*Guinéens*	
1	*Direction générale*	*3*	*6*	*9*
2	*Ingénieurs et Techniciens*	*5*	*3*	*8*
3	*Personnel pour des travaux de forage*	*2*	*8*	*10*
4	*Personnel pour des travaux de la Mine*	*10*	*20*	*30*
5	*Personnel pour des travaux de Recherche*	*6*	*8*	*14*
6	*Service technique et industriel*	*3*	*6*	*9*
7	*Service de transports*	*0*	*8*	*8*
8	*Travaux de Construction*	2	8	10
9	Service logistique	2	6	8
10		33	73	106

Source : *SIDEM SA* NB : soit un total de 106 personnes dont 33 Étrangers et 73 Guinéens

Tableau 2 : ***Type et Volume des travaux à réaliser par le projet de la SIDEM***

N° d'ordre	*Désignation*	*Unités de mesure*	*Quantité (volume)*
1	*Organisation des travaux*	*Mois*	*4*
2	*Itinéraires de Recherches à l'échelle 1 : 10 000*	*km. L*	*150*
3	*Itinéraires de Recherches à l'échelle 1 : 10 000*	*— II-*	*1 500*
4	*Échantillonnage de Concentrés*	*Schlich*	*380*
5	*Sondages*	*M*	*7 000*
6	*Puits de mine*	*— II-*	*1 000*
7	*Carrières d'exploitation d'essai*	*mm^2*	*250*
8	*Constructions*	*m^2*	

9	*Échantillonnage et lavage de déblais*	*échantillons.*	*7 000*
10	*Échantillonnage de puits et lavage des échantillons*	*— II-*	*7 000*
11	*Échantillonnage de carrière*	m^3	*20*
12	*Lavage des sables des carrières*	*— II-*	*500 000*
13	*Topographie*	*km. L*	*16 000*
14	*Géophysique*	*— II —*	*40*
15	*Levé aéroporté*	*Mois*	*1*
16	*Synthèse des données*	*— II —*	*4*
17	*Travaux de laboratoire*	*— II —*	*24*
18	*Finalisation des études*	*— II —*	*4*

Source : *SIDEM SA*

Tableau 3 : ***Équipements essentiels pour la réalisation du projet de la SIDEM***

N° d'ordre	***Désignation***	***Marque/Type***	***Unité de mesure***	***Quantité***
1	*Sondage à vis sur camion*		*P*	*2*
2	*Sondeuse « 'carottant »' sur camion ZIL-131*	*YP5-2A*	*— II —*	*2*
3	*Bulldozer*	*T-130*	*— II —*	*3*
4	*Bulldozer*	*D T-250*	*— II —*	*2*
5	*Automobile*	*YA3-469*	*— II —*	*6*
6	*Camion*	*KPA3*	*— II —*	*3*
7	*Camion*	*A3-66*	*— II —*	*2*
8	*Camion-Citerne*	*KPA3*	*— II —*	*3*
9	*Camion-Grue*	*KPA3*	*— II —*	*3*
10	*Laverie*		*— II —*	*2*
11	*Installation de différenciation par gravité*	*MOD-1*	*— II —*	*1*
12	*Pompe à eau*	*MOD-8*	*— II —*	*4*
13	*Pompe à eau*	*12 HDC*	*— II —*	*2*
14	*Poste de soudure (CAK)*	*ACD-300M*	*— II —*	*3*
15	*Groupe électrogène à diesel*	*D C-100*	*— II —*	*1*
16	*Groupe électrogène à diesel*	*D C-60*	*— II —*	*1*
17	*Tour à fileter*	*TT-1226P-101*	*— II —*	*1*
18	*Machine-outil*	*16D25*	*— II —*	*1*
19	*Raboteuse*		*— II —*	*1*
20	*Machine à percer*	*2H135-1*	*— II —*	*1*
21	*Planchette topographique*	*3K633*	*— II —*	*1*
22	*Émetteur OTC*	*« 'Len »'*	*— II —*	*2*

23	Le Niveau	H-3K1	— II —	1
24	Théodolite	3T KM	P	1
25	Camion-Frigidaire	3	— II —	1
26	Congélateur		— II —	6
27	Frigidaire			62
28	Installation	110Y	— II —	1
29	Équipement de laboratoire		Assortiment	1
30	Installation de désintégration		P	1
31	Climatiseur	1500	— II —	62
32	Cuisinière électrique		— II —	5
33	Ventilateur		— II —	50
34	Cuve de 25 m^3	P-25	— II —	6
35	Cuve de 500 m^3	P-500	— II —	2
36	Scie électrique		— II —	6
37	Batée de lavage		— II —	10
38	Compresseur de garage		— II —	1
39	Camion-Remorque sur la base de KRAZ		— II —	1
40	Cuve de $5m^3$	P-5	— II —	6
41	Pompe	2K-6	— II —	2
42	Pompe	3K-6	— II —	2
43	Moteur à Diesel	D-108	— II —	3
44	Moteur à Diesel	-238	— II —	2
45	Moteur à Diesel	-238	— II —	2
46	Moteur à Diesel	-236	— II —	2
47	Coffre-fort		— II —	3

Source : *SIDEM SA*

Tableau 4 : ***Budget pour la réalisation du projet de la SIDEM***

N° d'ordre	***Désignation***	***Montants (US Dollars)***
1	*Salaire du Personnel*	
	Spécialistes étrangers y compris le prix des billets aller-retour *Spécialistes guinéens*	*800 000* *405 000*
2	*Prix du Matériel et des équipements*	*2 500 000*
3	*Dépenses locales*	*500 000*
	Total	*4 205 000*
	Dépenses imprévues 10 %	*420 000*
	Somme totale	***4 625 500***

Source : SIDEM SA : Soit un montant total de quatre millions six cent vingt-cinq mille cinq cents dollars Américains (4 625 500).

Bilan des activités

Les actionnaires guinéens et russes de la Société Internationale pour le Développement minier liés par un contrat de prêt ont lancé les travaux de recherches et de prospection sur le permis n° 17, octroyé par le Ministère des Ressources naturelles et de l'Énergie, pour des fins d'exploitation de l'Or et du diamant.

La SIDEM SA, après quatre ans de recherches, a mis en évidence pour la recherche de l'Or en placer 12.700 kg et plus de 5 tonnes d'Or primaire. Les réserves en diamant sont évaluées à près de trois millions de carats en association avec 1700 kg d'Or.

Les différentes Études de Faisabilité déposées par la SIDEM auprès du Ministère des Ressources naturelles et de l'Énergie, n'ont pas été prises en compte par la Direction générale du Centre de Promotion et de Développement Minier (CPDM), qui a préféré transférer le fruit de nos recherches à la Société Anonyme Goldiamond.

Goldiamond SA a pour actionnaire, Grigori JDANOV, Directeur commercial de la SIDEM SA et représentant du bailleur de fonds de la SIDEM, fils de Mr Boris JDANOV et le fils de son Excellence Monsieur le Président de la République, ont bénéficié gratuitement du fruit de cinq années de travaux de recherche et de prospection de la SIDEM. Ils refuseront systématiquement, toute forme de collaboration avec les actionnaires guinéens de la SIDEM.

Il est intéressant de noter qu'une société canadienne dénommée « 'Héron Exploration »' avait pris contact avec les actionnaires guinéens et russes et proposa un financement sans intérêt de neuf millions de dollars pour l'exploitation de l'Or.

L'intervention de Goldiamond a donc compromis momentanément la réalisation de l'exploitation qui était prévue au début de septembre 1997, en entendant le règlement du conflit à l'amiable. Ce conflit, ayant fini par une bataille judiciaire, ne permettra pas à ce merveilleux projet de prospérer dans le pays.

Une telle situation ne pouvait que relancer la problématique de la sécurisation des investissements, qui gagnait à l'époque une proportion remarquable, en créant d'énormes difficultés pour le développement des projets. Les sociétés victimes de cette malheureuse situation, ne pouvaient que se plier au dictat de leurs ravisseurs.

Les conséquences qui en résultaient ont engendré d'importantes pertes de ressources financières et d'opportunités, au détriment du développement socio-économique du pays.

On retiendra que la SIDEM, s'était inscrite dans la dynamique de faire de ce projet, un exemple de savoir-faire au secteur minier qui servira d'appui de référence non seulement pour l'exploration des ressources de la région, mais créera les conditions optimales d'exploitation spécifique de l'Or et du Diamant.

C'est la raison pour laquelle, les initiateurs n'ont pas lésiné avec les moyens financiers, et ont accompagné le projet avec une logistique de qualité pour faciliter l'exécution correcte du programme par des techniciens de haut niveau de qualification professionnelle.

La collaboration entre la société et la population de la localité fut très fructueuse. C'est le village de Dalagna, situé à quelques dizaines de kilomètres du chef-lieu de la sous-préfecture de Moribaya, qui abrita la base vie de la société. Ce village bénéficiera de plus d'avantages que les autres agglomérations contiguës, de telle sorte qu'il était l'objet d'admiration d'autres habitants des localités voisines.

Précisons que les routes d'accès au village de Dalagna ont été réprofilées et les buses en béton ont remplacé les ponts en bois, pour ainsi faciliter le déplacement dans la contrée.

Le commerce dans cette localité a connu d'intenses activités, et les problèmes liés à l'évacuation des produits agricoles se sont atténués. Un camion de la SIDEM permettait à la fin de chaque semaine, une bonne partie de la population locale, de se rendre au marché hebdomadaire de la Préfecture de Kankan.

La société avait procédé à l'électrification de certaines cases et a offert des soins médicaux gratuits à plusieurs malades de Dalagna ainsi qu'à d'autres malades des villages environnants.

Le souhait, de Dr Fodé Ibrahima Diaby, de Dr Aliou Cissé et d'Elhadj Fodé Cissé, était de continuer la réalisation de ce rêve commun, celui de mener le projet à terme, mais contre toute attente, l'intervention d'un contingent militaire a mis fin aux activités de la SIDEM.

Un tel comportement ne pouvait que ternir l'image du pays, en foulant au sol le respect de la justice, occasionnant la détresse des personnes qui seront abandonnées dans la rue, après cinq années d'efforts intenses dans la brousse, face aux intempéries et aux dangers de toutes sortes, personnes dont les sacrifices ne leur auraient servi à rien.

Pour l'administration minière, il fallait coûte que coûte, satisfaire la demande de la famille présidentielle, et la direction générale du Centre de Promotion et de Développent minier, est mise à contribution pour permettre au ravisseur, d'exercer le droit de propriété sur le permis de la Société Internationale pour le Développement minier.

Ce retrait n'a jamais été signifié aux actionnaires guinéens de la Sidem, et a servi de pièce justificative pour l'atteinte de l'objectif ainsi visé, par l'Autorité d'alors.

L'important pour les initiateurs de ce projet était d'avoir montré à la corporation qu'il était possible de réussir une telle entreprise dans le pays.

Un exemple qui a suscité assez d'admiration parmi les collègues et en retour, le projet a bénéficié d'un soutien sans équivoque, de nombreux travailleurs des directions techniques qui ont pris causes et effets pour défendre la société. Cette dernière fut considérée comme une alternative, celle qui a pu donner de l'emploi aux cadres et ouvriers guinéens, suite à la fin du contrat du levé géologique. Aussi les résultats attendus des réformes engagées par le Ministère des Ressources naturelles et de l'Énergie, tardaient à se concrétiser et rendaient ainsi la vie très difficile à la plupart des travailleurs de la Direction nationale de la Géologie et autres.

Le mérite d'un tel travail professionnel revenait à l'ensemble de l'équipe guinéenne et plus particulièrement à l'encadrement technique, parmi lesquels on peut citer : Dr Thierno Oumar Bah, le géologue en chef du projet et ses proches collaborateurs, l'ingénieur polyvalent Mamadou Saliou Banoro et l'ingénieur Géochimiste Négué Baïlo Diallo, lesquels en toute sincérité, ont été à la hauteur des attentes de la Direction générale de la Sidem.

Ils sont pour les partenaires de la société, des acteurs dont le professionnalisme est reconnu et gravé en chacun d'eux, des acteurs considérés comme les plus méritants parmi les ingénieurs de terrain de toutes les catégories confondues et furent vivement félicités pour la qualité de leur prestation.

CHAPITRE VI

Projet d'Appui à l'Artisanat minier

Pour mémoire le coordinateur du projet communautaire se souvient encore des circonstances, qui ont permis l'obtention du financement des activités minières artisanales de la haute Guinée.

Ce projet initié par le Gouvernement guinéen dormait dans les tiroirs de la Direction nationale des Mines. C'est suite à ce constat que monsieur le secrétaire général m'a instruit d'intégrer l'équipe de travail, mise en place pour contribuer à l'élaboration du dossier devant être soumis dans les meilleurs délais, à l'Agence Française de Développement (AFD), pour la recherche de financement.

Après l'installation de cette équipe, il nous a été donné de constater aussitôt les prémices d'une mauvaise volonté de la part de certains membres, une situation qui ne facilita pas la bonne collaboration pour l'exécution de la tâche.

Décidé à faire avancer le dossier, Dr Diaby promettra à ses collègues de leur soumettre dans les meilleurs délais, une ébauche d'une étude qui pourrait servir de base pour un travail amendé.

Promesse tenue, le document de travail sera soumis à l'appréciation de l'équipe constituée pour les besoins de la cause. Mais malheureusement les questions partisanes et non scientifiques finiront par vider le débat de tout contenu professionnel et justement, c'est en ce moment qu'il réussira à formaliser un document de taille à l'attention de monsieur le Secrétaire général pour appréciation.

Le document qui fut au centre de nombreuses contestations au sein de la commission de travail a été jugé par les Autorités du Département de très bonne qualité et que le contenu répondait à leurs préoccupations.

Il fut transmis à l'Agence française de Développement (AFD) qui accepta de financer le Projet d'Appui et d'Encadrement de l'Exploitation artisanale de l'Or en haute Guinée.

Ce fut pour nous, un acte de soulagement moral, de recevoir les félicitations de Monsieur le Ministre des Mines et de la Géologie et de ses proches collaborateurs, en conseil du Cabinet, tenu pour la circonstance.

Il a été promu Coordinateur du projet et désigné modérateur de l'Atelier de validation des études sur la mine artisanale en Guinée, dans le cadre du séminaire qui sera organisé par le Programme des Nations Unies pour le Développement (PNUD), à Yaoundé au Cameroun.

La communication de la Délégation Guinéenne à ce séminaire a été d'un apport très apprécié par le PNUD et par l'ensemble des participants à cette rencontre internationale « de donner et de recevoir. »

L'activité minière artisanale est d'actualité, elle connaît aujourd'hui des impacts environnementaux plus sévères, rendant la situation des populations locales plus préoccupantes.

Cette fragile vie communautaire, a un besoin accru de prise en compte par les Autorités gouvernementales, en vue de trouver une réponse rassurante à ce récurrent phénomène social, dont la persistance dans les pays à faible revenu crée d'importants déséquilibres de développement.

Il s'agit d'une autre importante activité qui vient s'ajouter aux nombreuses questions liées au développement du secteur minier guinéen. La particularité de l'exploitation artisanale réside dans le fait qu'elle est une activité ancestrale et occupe une importante frange de la population rurale, parmi laquelle se retrouvent les enfants, les femmes et les hommes, pour extraire l'Or, le Diamant. Une exploitation qui s'étend de nos jours aux matériaux de construction (sable, gravier et le concassage de granite).

Les moyens utilisés sont précaires et les résultats annoncent un faible taux de récupération de l'Or et du Diamant, une non-maîtrise des problèmes d'exhaure, l'absence de mesures d'hygiène, de sécurités et de protection de l'environnement.

Une situation qui a retenu l'attention des Organisations non gouvernementales (ONG) et elle sera inscrite dans les programmes nationaux d'éradication de la pauvreté visant le développement des moyens d'existence durable des communautés minières artisanales.

Une stratégie qui s'inscrit comme l'un des éléments de la stratégie globale des Gouvernements, pour la lutte contre la pauvreté.

À propos le Ministère des Mines et de la Géologie, en collaboration avec l'Agence Française de Développement (AFD) a pris l'initiative de créer en haute Guinée, un Projet d'Appui à l'Exploitation artisanale de l'Or et du Diamant en 2001.

La coordination du projet fut assurée par Dr Diaby qui a obtenu auprès de l'AFD, une assistance financière d'un montant de six cent mille (600.000) dollars US, pour la réalisation d'une Étude-Action.

Étude-Action

Cette étude est la phase préliminaire du projet, et elle permettra d'évaluer l'exploitation artisanale, en cernant les problèmes réels de cette activité. Elle donnera ainsi l'image la plus complète et la plus compréhensive sur les préoccupations de la population locale, à l'effet de proposer dans les meilleurs délais un programme de soutien aux initiatives de développement.

La tâche à accomplir est loin de s'inscrire dans la dynamique de rééditer les études antérieures réalisées, celle-ci sera innovante, en proposant un plan d'intervention efficace, et qui tiendra compte des aspects techniques économiques, financiers et surtout des impacts environnementaux.

Ainsi les meilleures conditions de vie seront créées pour les populations en général et pour les femmes et les enfants en particulier. Les dispositions prises vont minimiser l'anarchie tout en augmentant les revenus et la rentabilité de l'activité minière artisanale.

Les mesures à prendre pour la protection de l'environnement, l'élaboration des règles d'hygiène, de santé, de sécurité dans les mines faciliteront la lutte contre certains travers sociaux et les maladies sexuellement transmissibles y compris le SIDA.

En somme l'Étude-Action vise essentiellement :

— la réorganisation de l'exploitation artisanale de l'or qui aboutira à la création des groupements ou associations d'exploitants, à l'introduction de techniques et d'équipements plus modernes d'utilisation plus simple et à un coût modéré.

— la recherche de moyens efficaces pour drainer la production artisanale vers le circuit officiel de commercialisation et d'exportation afin d'accroître les revenus et maîtriser les statistiques.

— l'initiation des artisans aux méthodes de gestion rationnelle de leur association ou groupement afin d'aboutir à leur autonomisation effective.

Le résultat de ce projet contribuera nécessairement à la transformation progressive de l'exploitation artisanale en opération minière à petite échelle ou semi-industrielle.

Appui à l'Artisanat minier

Le coordinateur du projet a contribué à l'exécution du Programme des Nations Unies pour le Développement (PNUD), dans le cadre du séminaire qui s'est tenu à Yaoundé, au Cameroun du 19 au 22 novembre 2002.

Le thème de ce séminaire fut « la Mine Artisanale et la Mine à petites échelles en Afrique : Identification des Bonnes Pratiques et Construction des Moyens d'Existence durable au sein des Communautés ».

Il a connu la participation de 108 délégations parmi lesquelles, on notait la présence des représentants des gouvernements de plusieurs pays, des Organismes internationaux, de Groupes de Consultants et de Personnes Ressources.

La délégation guinéenne fut conduite par Dr Diaby, Coordinateur du Projet d'Appui et d'Encadrement de l'Exploitation artisanale en haute Guinée, et de Mme Koné Aïssatou Toure, Cheffe de la « ' Division Promotion féminine »', au Ministère des Actions sociales, de la Promotion féminine et de l'Enfance.

Contribution guinéenne

Un atelier de validation des Études sur la mine artisanale s'est tenu à Conakry du 28 au 29 octobre 2002, présidé par Monsieur Demba Sékou Touré, Chef de Cabinet du Ministère des Mines et de la Géologie.

Dr Diaby a été le modérateur de l'atelier, atelier qui fut rehaussé de la présence de Madame Diaby Mariama Sylla, actuelle ministre des Actions sociales, de la Promotion féminine et de l'Enfance, des cadres du Ministère des Mines et de la Géologie et celle des représentants des communautés minières artisanales, etc.

Les études ont été réalisées par l'Entraide universitaire pour le Développement (AUPD), une Organisation non gouvernementale (ONG) de la place, sur financement du Programme des Nations Unies pour le Développement (PNUD), et dont les résultats seront présentés au séminaire de Yaoundé au Cameroun.

Les débats ont permis à l'assistance d'échanger sur le contenu des documents présentés par l'AUPD, à l'effet de mieux circonscrire la problématique de l'exploitation artisanale en Guinée.

La participation des artisans miniers à cet atelier fut d'un apport considérable qui a permis de tenir compte de leurs préoccupations et les débats très enrichissants sur les documents présentés par l'AUPD ont été également pris en considération.

Il fut question en cette rencontre d'échanges, de la recherche des solutions relatives à l'éradication de la pauvreté souvent liée à l'exploitation artisanale minière.

L'atelier a recommandé à la délégation de s'inscrire dans la dynamique de traduire valablement les préoccupations des communautés, et il a fait remarquer qu'au regard de la qualité des apports des participants, la mission donnera une meilleure lecture des activités minières artisanales, en Guinée.

Au Cameroun, la Communication Guinéenne a porté sur les mines d'Or de Kiniero centre et de Djirland dans la Préfecture de Kouroussa et les mines de Diamant de

Banankoro et de Worokoro campement, dans la Préfecture de Kérouané.

La Délégation Guinéenne a présenté au séminaire trois (3) documents :

— Un document d'enquête communautaire,

— Une petite monographie des sites étudiés,

— Un plan triennal et annuel assorti de micro-projet.

Le séminaire a hautement apprécié la qualité des documents fournis par la Guinée et a recommandé la mise en œuvre des résultats obtenus, à travers les plans triennal et annuel d'éradication de la pauvreté, qui ont été identifiés et adoptés par les communautés minières artisanales, indiquées plus haut

La Délégation a suggéré, pour répondre aux recommandations du séminaire, la création :

— d'un Comité de suivi, sous la tutelle du ministère des Mines, de la Géologie et de l'Environnement, qui sera élargi aux partenaires au développement et aux autres ministères impliqués, dans le cadre de la lutte contre la pauvreté, notamment les structures de mise en œuvre du Développement des Stratégies de Réduction de la Pauvreté (DSRP) ;

— de confier au projet d'appui et d'encadrement de l'exploitation artisanale minière, déjà initié par le Gouvernement Guinéen, comme structure d'interface qui aura pour tâche immédiate, la définition du coût réel des micro-projets identifiés et programmés par les communautés.

La structure se chargera d'élaborer les termes de références de l'Étude de Faisabilité, pour les soumettre au Comité de Suivi pour validation :

— la réalisation des travaux se fera par voie d'appel d'offres ;

— le financement d'une telle étude sera soumis aux Partenaires au Développement et au Gouvernement guinéen, prioritairement au PNUD qui a appuyé et financé les précédentes études.

Le séminaire a été très satisfait des résultats du Secteur minier guinéen, qui de par sa position est placé au centre de la stratégie nationale de réduction de la pauvreté initiée par le Gouvernement. Le séminaire a retenu, comme exemple de bonne pratique, la création d'un cadre d'Appui du Secteur minier industriel au développement communautaire.

Les meilleurs exemples sont : la Société Ashanti Gold Fields Guinée (SAG) et la Compagnie des Bauxites de Guinée (CBG), qui ont financé la construction de centaines de kilomètres de route et de piste, de nombreux centres de santé, plusieurs écoles et d'autres infrastructures sociales et des micro-crédits mis à la disposition des populations locales.

Le caractère multisectoriel de la lutte contre le SIDA en Guinée a aussi beaucoup impressionné le séminaire, lequel a demandé aux autres pays de s'inspirer de l'exemple guinéen.

Il a été constaté que toutes les communautés minières artisanales sont ciblées par les programmes de Développement de Stratégies pour la Réduction de la Pauvreté (DSRP), et de lutte contre le VIH/SIDA, et que ce sont les mêmes populations qui sont concernées par le projet d'Appui et d'Encadrement de l'Exploitation artisanale en haute Guinée, initié par le Département des Mines, dans le cadre de la lutte contre la pauvreté.

Raison pour laquelle, le séminaire a sollicité, auprès des Autorités compétentes Guinéennes, de bien vouloir accepter que le coordinateur du projet d'appui à l'exploitation artisanale, soit membre de la cellule sectorielle ONU/SIDA du Département des Mines et des structures de mise en œuvre du DSRP, afin de mieux cerner les problématiques des communautés.

Recommandation

Le séminaire a retenu que les communautés vivant dans les deux (2) régions minières artisanales (Francophones et Anglophones) sont pauvres. Et le but des deux groupes de travail constitués, est de rechercher les moyens pour réduire la pauvreté, en améliorant les Moyens d'Existence durables (MED).

Pour y parvenir, il existe deux types d'actions à mener :

— ***Actions de fonds***

Les actions de fonds doivent être menées par le Gouvernement et les Partenaires au développement, en jouant le rôle de facilitation.

a- Se référer aux Documents de Stratégie de la Réduction de la Pauvreté (DSRP)

– Approche transversale de la pauvreté dans les DSRP et la stratégie sectorielle.

– Stratégie intégrée de la Mine avec les activités d'accompagnement des autres secteurs de l'économie nationale.

b- Le législatif tiendra compte des recommandations suivantes *:*

– Reconnaissance de l'activité minière artisanale dans les Codes.

– Réflexions : droit coutumier, droit foncier et État central

– Mise à disposition de la connaissance sur les ressources.

– Disposition réglementaire et législative.

– Favoriser le partenariat (ONG, Syndicat professionnel, Banque, Association, etc.).

Actions spécifiques

D'une manière générale, ces actions visent directement les communautés minières, elles sont centrées sur les projets de développement endogènes, parmi lesquelles on peut citer :

– la mise en place des mécanismes de financement et d'accès au crédit mutualiste.

– l'intégration dans les plans de développement communautaire.

– l'appui à l'encadrement technique et à l'organisation

– l'appui à la commercialisation

– les infrastructures socio-économiques et éducatives de base, etc.

Ce résultat fut obtenu par le biais d'une bonne organisation du séminaire et soutenu par la volonté ardente des participants de trouver la meilleure approche, permettant l'éradication de la pauvreté dans les régions minières artisanales.

Les participants, après le cérémonial d'ouverture, ont suivi avec un intérêt particulier les exposés des thèmes suivants :

— « Les Mines artisanales et à petites échelles en Afrique : vérifier la réalité » par Kévin P.C.J.D, Sousa Wardell Armstrong, Consulting. Group.

— « La Réduction de la Pauvreté au cœur des Politiques de Développement : une ère nouvelle ? » Jean Le Nay, DAES.

— « L'approche des Moyens d'Existence durable appliquée au Secteur minier artisanal » James Carnagie PNUD/DAES.

— « De la déclaration d'Intention aux Actions concrètes : le point d'Entrée » Antonio Pédro, CEA.

Présentation en plénière des cas d'études réalisées au Ghana, en Guinée, en Éthiopie et au Mali par les Organisations Non-Gouvernementales (ONG) locales sur financement du Programme des Nations Unies pour le Développement (PNUD) dont les résultats d'études sont préalablement validés par les ateliers nationaux de ces pays.

Un exposé a été fait sur le thème : « Mettre le CASM au travail en Afrique : adapter l'initiative globale aux réalités Africaines. Jeffrey Davidson et CDE.

Les Études de cas du Cameroun, du Congo, de la Guinée Équatorial, du Gabon ont été programmées, et ont fait l'objet d'excellents débats sur les bonnes pratiques en la matière :

— de formulation de politique et de législation,

— de commercialisation des matières premières minérales, de financement, de gestion environnementale, de santé et de sécurité,

— de développement technologique et leur utilisation,

— de renforcement des capacités d'assistance technique, appui à l'intégration d'une dimension sexo-spécifique et réduction du travail des enfants,

— de promotion de coopération entre les mines à grande et à petite échelle,

— de lutte contre le SIDA par Dr Emmanuel Gnaoré, Conseiller Programme ONU-SIDA.

De retour en Guinée, le projet de l'exploitation artisanale en haute Guinée, a connu une avancée significative, grâce au dynamisme d'un groupe de travail mis en place par les Autorités du Ministère des Mines et de la Géologie. Ce qui permit l'élaboration des termes de références pour une étude-action, dans le but d'améliorer les conditions de vie des populations locales.

C'est l'occasion de magnifier, la disponibilité et le soutien accordé au coordinateur du projet par les éminents ingénieurs Alpha Oumar Diallo directeur national Adjoint des Mines, Malal Camara Inspecteur adjoint au Ministère des Mines et Chérif Diallo coordinateur du Projet des Programmes d'Investissement du Secteur minier (PPISM), pour la qualité des services rendus.

CHAPITRE VII

La société des Bauxites de Dabola Tougué (SBDT)

En 2003, une mission a été constituée par le Département des Mines et de la Géologie pour la mise en place des antennes préfectorales de l'exploitation artisanale, en haute Guinée.

C'est au cours de cette tournée que Dr Diaby fut promu Directeur général adjoint de la Société des Bauxites de Dabola-Tougué (SBDT), sur proposition de Dr Alpha Mady Soumah, ministre des Mines, de la Géologie et de l'Environnement.

La passation de service a eu lieu au siège de la SBDT, entre le Directeur général adjoint entrant et monsieur Alimou Diallo Directeur général adjoint sortant, qui assumera désormais la Fonction de Secrétaire général au Ministère des Mines, de la Géologie et de l'Environnement.

La Société des Bauxites de Dabola Tougué (SBDT) est le fruit de coopération entre la République de Guinée et la République Islamique d'Iran. Le Gouvernement Guinéen est le Partenaire A et détient 49 % des actions, une participation en nature.

Le Partenaire B est le Gouvernement Iranien qui représente les intérêts des Sociétés Iranian Mining Developement Renovation Organisation (IMIDRO 49 %) et Pension and Protection Fund of Strest employement

Institude (PPFSI 2 %) sont depuis 2007, fondées de pouvoir dans la SBDT, chargées du Développement du projet.

Le capital social de la SBDT est de 20 Millions de Dollars US, reparti en 20 000 actions de 1000 dollars US chacune. Elle a été créée le 9 juillet 1992 et a pour objet à court terme la recherche, la prospection, l'exploitation et la commercialisation de la bauxite, à moyen terme, la construction d'une raffinerie d'alumine et à long terme la construction d'une fonderie d'aluminium.

La prise de fonction, constituait un évènement d'une grande importance, et justifiait la volonté des Autorités de poursuivre les négociations afin de permettre aux partenaires Iranien et Guinéen, d'aboutir à la relance effective de la société.

L'objet de cette coopération et la taille de la société demandent un besoin très important en capital d'investissement et suscitent un intérêt économique certain pour les deux pays, malgré le ralentissement des activités sur le terrain en avril 1998.

Le développement de la SBDT doit être perçu, comme une tâche collective, impliquant nécessairement les futurs décideurs du Département des Mines et de la Géologie, étant les témoins les plus avertis des problèmes qui ont conduit à l'arrêt des activités de ce projet.

La reprise du travail fut une des priorités du nouveau Directeur général adjoint, représentant du partenaire guinéen au sein de l'entité, fut rassurée par les Autorités de leur entière disponibilité à l'accompagner pour la réussite de la mission, en s'engageant pour la reprise des activités de la société.

Évaluation du projet

Le projet de la SBDT fut confronté à deux difficultés majeures que sont : les infrastructures de transport et le port d'évacuation de la production situé à près de 400 km de la concession minière.

Une situation, qui a mobilisé tous les acteurs et des décisions ont été prises pour le développement de la mine, la réhabilitation du chemin de fer et la construction d'un quai d'évacuation du minerai, au port de Conakry.

Des avancées significatives ont été constatées pour la confirmation des réserves bauxitiques de la concession octroyée d'une part et la mise en œuvre du contrat signé entre la SBDT et l'Office National du Chemin de fer de Guinée (ONCFG) d'autre part.

Ces résultats ont permis la construction à kondéwoulen d'une aire de chargement de la bauxite, le raccordement de celle-ci à la voie métrique et à l'achat des locomotives et des wagons.

Les conditions ainsi créées ont facilité le premier transport ferroviaire d'essai, de la bauxite extraite de la mine de Léguétara pour Conakry.

Ce progrès donnera l'opportunité à la SBDT de satisfaire un besoin pressant de l'industrie minière iranienne de 600 mille tonnes de bauxite par an.

Cette exploitation n'empêchera pas la réalisation des Études de Faisabilité déjà engagées par la société.

On se félicitera d'ailleurs de l'achèvement en cette période des études du chemin de fer et celles concernant l'usine d'alumine furent entamées en1996.

Potentiel bauxitique

Dans les limites de la concession minière de la SBDT, on dénombre quinze (15) plateaux bauxitiques, soit une ressource globale de 800 millions de tonnes de bauxites selon les données de 2005.

Le Tableau n° 5, indique que sur les quinze (15) plateaux bauxitiques contenus dans la concession de la SBDT, 13 plateaux appartiennent à la Préfecture de Dabola et 2 plateaux à celle de Tougué. Le plateau de Léguetera est le plus connu. Il est situé au Sud-Ouest de la concession minière et à 20 km au sud de Dogomet centre. La teneur moyenne en alumine de Léguétéra est de 47,10 % et de 0,71 % en silice.

Tableau n° 5 : Données sur les Ressources bauxitiques de la SBDT (Nov. 1996)

N°	*Gisements*	*Teneur Al2O3%*	*Teneur SiO2%*	*Réserves Millions T*	*Localisation*
1	*Léguétéra*	*47,10*	*0,74*	*82,00*	*Dabola*
2	*Tékoulou Goral*	*45, 46*	*1,38*	*98,70*	*Dabola*
3	*Tékoulou Déyal*	*40,86*	*2,47*	*52,10*	*Dabola*
4	*Tiniki*	*42,21*	*0,76*	*10,00*	*Dabola*
5	*Kondépili*	*44,56*	*1,29*	*13,30*	*Dabola*
6	*Matia*	*40,08*	*3,31*	*47,90*	*Dabola*
7	*Koumansan*	*42,80*	*1,30*	*28,16*	*Dabola*
8-9	*Oursa et Sinceri*	*40,00*	*3,32*	*42,68*	*Dabola*
10	*Léria*	*43,00*	*3,00*	*15,80*	*Dabola*
11	*Koumignégné*	*43,25*	*1,44*	*17,02*	*Dabola*
12	*Bantankélen*	*44,40*	*1,50*	*3,80*	*Dabola*
13	*Konko*	*50,00*	*0,60*	*4, 30*	*Dabola*
14	*Kounsi*	*44,38*	*1,50*	*71,20*	*Tougué*
15	*Labiko*	*46,76*	*4,21*	*103,70*	*Tougué*

Source : SBDT

Tableau n° 6 : Composition minéralogique de la bauxite de Dabola-Tougué

N° d'ordre	***Minéral***	***Pourcentage***	
		Dabola	***Tougué***
1	*Gibbsite*	*60,5*	*62,0*
2	*Boehmite*	*10,0*	*6,5*
3	*Hématite*	*22,0*	*20,0*
4	*Goethite*	*2,20*	*6,00*
5	*Anatase*	*2,80*	*2,40*
6	*Kaolinite*	*1,40*	*2,70*

Source : SBDT

Titres miniers

La Société des Bauxites de Dabola-Tougué est détentrice d'une convention minière, d'un permis d'exploitation et d'une concession minière.

La convention a été signée le 9 juillet 1992 et fut ratifiée et promulguée par la Loi **L/92/040/CTRN du 6 octobre 1992** et exécutée comme Loi de l'État.

La SBDT a également bénéficié d'un permis d'exploitation minière par Arrêté ***A/94/4319/MMG/SGG du 17 octobre 1994***.

Ce permis couvre un domaine minier de 11.500 km^2 et a pour objectif de produire 600.000 tonnes de bauxite destinées à l'Iran à partir du plateau de Léguétéra, dans le cadre d'un projet relais.

Ce programme avait l'avantage de remettre en service le chemin de fer Conakry-Niger, remettre les employés de l'Office National des Chemins de fer de Guinée (ONCFG) au travail, résoudre l'approvisionnement de l'Iran en bauxite et enfin servir de sources de financement pour la SBDT, par la vente de la bauxite ainsi exportée.

L'octroi de la concession minière est intervenu en mars 1998, ceci six (6) ans après la signature de la convention, par ***Décret N° D98/O50/PRG/SGG***, pour une durée de vingt-cinq (25) ans renouvelable.

La superficie initiale qui était de 16 000 Km^2 a été réduite à 11 500 km^2 par l'Arrêté d'attribution du permis d'exploitation et ensuite à 5626 km^2 par le Décret d'octroi de la concession minière.

La superficie fut déterminée en fonction des besoins en ressources bauxitiques du partenaire iranien qui étaient estimés à l'époque à 600 millions de tonnes, et reparties dans les 15 plateaux cités plus haut, dans le Tableau N° 5. Aussi il est important de noter que le pourcentage élevé en bohémite dans cette bauxite est un handicap rendant très onéreux le coût de la transformation de celle-ci en alumine.

La concession initiale a connu deux rétrocessions effectuées par le Ministère des Mines et des Ressources naturelles. Ces actes de rétrocession opérés de façon unilatérale furent considérés par le partenaire iranien comme une violation de la convention liant les deux parties.

Arrêt des travaux :

On assistera à un arrêt prolongé des activités de la société pour la période allant des années 1999 à 2005. Ceci résulte de la réaction du partenaire iranien à la décision du Gouvernement guinéen.

En effet le ministre guinéen des Ressources naturelles et de l'Énergie demanda à son homologue de l'Équipement de suspendre le contrat liant l'Office National du Chemin de fer de Guinée (ONCFG) à la Société des Bauxites de Dabola-Tougué (SBDT). Cette décision est justifiée par le ministre de tutelle par ***la lettre n° 090/MRNE/CEF/99 du 2 février 1999.***

« En raison de l'avancement du dossier du Transguinéen et vu la nécessité de coordonner et de rationaliser les efforts du Gouvernement et des projets miniers pour la réalisation des infrastructures destinées à l'évacuation des ressources minières de notre pays, l'option prise initialement de réhabiliter le chemin de fer métrique de l'Office National du Chemin de fer de Guinée (ONCFG) par la Société des Bauxites de Dabola-Tougué (SBDT), devrait être reconsidérée. Le Transguinéen devant, en effet, emprunter l'emprise du vieux chemin de fer métrique, la réhabilitation de ce dernier ne peut plus être envisagée »

En 2001, l'ambassadeur de la Guinée à Téhéran a transmis au ministre des Mines et de la Géologie et de l'Environnement, pour toutes fins utiles, la lettre relative à l'initiative du Gouvernement iranien en vue du financement, par la Banque Islamique de Développement (BID), du projet de chemin de fer Transguinéen, (***lettre N° 2923 du 08/10/2001/ministère de la Présidence Chargé des Affaires présidentielles***).

Le gouvernement guinéen aussitôt informé, le ministre Ibrahima Soumah, ministre des Mines et de la Géologie a pris attache avec monsieur le Gouverneur chargé de la Guinée auprès de la Banque Islamique de Développement (BID), pour soutenir la démarche du Partenaire Iranien, qui malheureusement n'a pas prospéré.

Bien d'autres initiatives ont été prises par le Directeur général adjoint de la SBDT pour trouver une solution à l'épineuse question liée au transport de la bauxite et à la construction d'un port à Conakry.

C'est ainsi que le ministre des Mines et de la Géologique, Dr Alpha Mady Soumah, Président du Conseil d'Administration de la SBDT, nous a instruit de signer le protocole d'accord relatif à la construction du chemin de fer, à écartement standard russe, devant relier Kindia à Dabola, sur une longueur de 272 km et se raccorder au chemin de fer de la Compagnie des Bauxites de Kindia (CBK).

Ce protocole fut signé avec Monsieur Zagrebov Alexandre, Directeur général des Fonds Unifiés de Russie (FUR), sur instruction de Mr Ivanov Alexcei, Vice-président de (FUR), en mars 2004.

Les Fonds Unifiés de Russie (FUR) s'étaient engagés à effectuer tous les travaux de recherche, de projection et de construction ainsi que la livraison des locomotives et des wagons selon les besoins afin d'exploiter les gisements de Dabola.

L'évaluation du coût du projet proposé par les FUR sera réalisée par une compagnie d'audit indépendante acceptée par les différentes parties (Guinéenne, Iranienne et Russe)

La société SBDT et les FUR ont l'intention d'obtenir le financement du projet du chemin de fer dans les conditions suivantes :

— La société a obtenu du partenaire iranien la proposition de financement à hauteur de 20 % du coût total du projet,

— Les FUR sont prêts à accorder à la SBDT pour la réalisation du projet un financement supplémentaire à hauteur de 80 % du coût total du projet.

Le remboursement de ce financement de 80 % sera garanti par la bauxite produite par la SBDT. Le taux et le temps de remboursement seront définis en commun accord avec les différentes parties.

Les FUR et la SBDT en collaboration avec la Direction du projet Transguinéen s'entendront sur la gestion future du chemin de fer qui sera réalisé en BOT.

Le présent protocole d'accord avait une période de validité de trois mois, à compter de la date de signature. Il reste entendu qu'il fera l'objet d'études approfondies dont les résultats seront soumis à l'appréciation des Autorités compétentes, et cet accord n'a pas abouti par le simple fait que l'Autorité Guinéenne a exigé le prolongement du chemin de fer jusqu'à la gare de Kankan, dans la capitale régionale de la haute Guinée.

Le représentant de FUR, s'est senti placé devant une situation difficile et a conclu de ne pas être à mesure d'accéder à cette demande, parce que rendant le projet très coûteux en investissement et non rentable à moyen terme.

Relance des activités

Pour une reprise bénéfique des activités de la SBDT, le Directeur général adjoint assurant l'intérim du Directeur général a suggéré aux partenaires :

— D'accepter de se rencontrer et de se parler en toute franchise.

— De clarifier la volonté politique des deux pays de vouloir sortir la SBDT, de cette situation de crise et de promouvoir son développement.

— D'examiner favorablement la prise en compte le fonctionnement de la SBDT, qui se trouve abandonnée et sans aucun moyen d'existence.

— De finaliser les Études de Faisabilité des différents volets de l'Entreprise en vue d'en déterminer le coût réel.

— De définir ensemble une politique de mobilisation des ressources financières, condition incontournable pour la réalisation des objectifs de la convention.

Le mode de financement des travaux peut se faire soit sous forme de prêt (comme indiqué dans la convention), soit par la participation des deux partenaires au capital d'investissement, ou à l'élargissement de la société à d'autres partenaires.

C'est suite à de nombreuses rencontres entre les partenaires iranien et guinéen que le Conseil d'Administration ténu à Conakry, en mai 2005, a adopté d'importantes résolutions relatives à la reprise des activités de la Société, dont les travaux furent présidés par Dr Amed Tidjane Souaré ministre des Mines et de la Géologie.

Il fut question de réactualiser les études des infrastructures de transport, du port, auxquelles s'ajouteront les dépenses de fonctionnement de la Direction générale et celles liées à la réhabilitation du site de Dogomet et des bureaux de Conakry.

La Société iranienne Soult Alumina Company (SALCO) fut choisie pour réaliser les études visant la recherche d'une variante optimale de transport du minerai de la mine au port de Conakry, entre le Chemin de fer et le Pipeline.

Le Partenaire iranien a également informé le Conseil du choix porté sur la Société Iranian Mines & Mining Industries Development & Renovation Organization (IMIDRO) comme étant l'Institution iranienne fondée de pouvoir dans la SBDT, en qualité d'actionnaire dans la SBDT.

Le Conseil d'Administration tenu à Düsseldorf en Allemagne, en août 2005 après examen des résultats des études préliminaires réalisées par la société SALCO, sur le système d'évacuation du minerai, décida du choix du transport par pipeline, choix qui s'est avéré économiquement plus rentable que le chemin de fer. Une étude de préfaisabilité fut demandée et le Bureau chilien d'Ingénierie (JRI) fut contacté par SALCO pour la réalisation de ladite étude.

En novembre 2005, la Direction générale de la SBDT a organisé un voyage d'études au Chili pour permettre aux partenaires guinéen et iranien de se familiariser avec le système de transport par pipeline.

Au cours de cette mission la société JRI, a présenté à la délégation, une ébauche préliminaire du projet « d'Études de Préfaisabilités relatives au système de transport par pipeline de la bauxite de la SBDT ».

C'est sur recommandation du Comité technique en 2006 que le Conseil a autorisé l'exécution de ce projet. La Société Iranienne, Persian Gulf Alumina (PGA) fut choisie pour aider la SBDT à préparer les Documents d'Appel d'Offres (DAO), dans un délai de 6 mois et de trouver l'investissement nécessaire à la réalisation du projet.

En avril 2007, le Conseil d'Administration suite à l'appréciation des dispositions prises par la Société PGA pour la préparation des DAO, a accepté le contrat signé entre la SBDT et la Société Non-ferrous Industries Process, Engineering and Construction Company (NIPEC). Ce contrat avait pour but de réaliser les études techniques et économiques complémentaires, nécessaires pour démarrer la construction des infrastructures de base : la mine, le pipeline et le port.

Le CA a été informé par la Partie Iranienne de son intention de céder ses Actions à de nouveaux partenaires parmi lesquels : IMIDRO (49 %) et PPFSI (2 %) : Pension and Protection Fund of Steet employement Institute. La Partie guinéenne accepta et approuva cette doléance.

Lancement des DAO

L'avis de l'appel d'offres international fut lancé en juillet 2008, après examen des informations contenues dans les DAO présentés par le consultant NIPEC dans la perspective du développement du projet. La société PGA fut autorisée de superviser les opérations. La publication de cet avis a suscité de l'intérêt et la mobilisation de plusieurs consortiums.

C'est le Consortium ICG (International Corporation Group) qui fut adjudicataire avec l'offre de 505 millions d'Euros, en mai 2010, suite à l'ouverture et l'évaluation des plis contenant les offres financières par le ministre Mamoud Thiam, Président du Conseil d'Administration de La SBDT.

Autres acquis

La SBDT a pu conclure un bail commercial avec le Patrimoine Bâti Public concernant un bâtiment R+1, un garage et le terrain adjacent pour la construction du siège de la société et servir de parking. Ce fut un apport du Gouvernement guinéen, une décision prise en conseil des ministres, suite au compte rendu de mission du ministre Ahmed Kanté, en Iran, Président du Conseil d'Administration de la SBDT.

En septembre 2010, la convention de concession fut signée par le PAC (Port Autonome de Conakry) et la Société des Bauxites de Dabola-Tougué (SBDT) sur la base du protocole d'accord liant les deux parties en 2009, pour l'aménagement de 33 hectares dans la zone-Est dudit port, le prolongement du quai et le dragage du chenal à une profondeur de 14 mètres.

L'adjudication du consortium ICG a donné l'opportunité à la SBDT de résoudre les problèmes d'infrastructures de développement de la mine, du système de transport de la bauxite à travers le pipeline, de la construction du port et de financement des différents volets du projet.

En août 2015, à la demande du Partenaire iranien, la convention entre la République de Guinée et la République Islamique d'Iran pour l'exploitation des bauxites de Dabola et de Tougué signée le 9 juillet 1992 est prorogée de 25 ans, et l'Avenant à la convention proroge la durée de la convention et des titres miniers (concession, des permis de recherche et d'exploitation).

Les autres articles de la convention de base ne sont pas modifiés par le présent Avenant conclu entre les soussignés :

— la République de Guinée, dûment représentée aux fins des présentes par Monsieur Kerfalla Yansané, ministre d'État, ministre des Mines et de la Géologie ; monsieur Mohamed Diaré, ministre d'État, ministre de l'Économie et des Finances ; et Monsieur Aliou Diallo, ministre des Transports d'une part,

— la République Islamique d'Iran, dûment représentée aux fins des présentes par Monsieur Mohammedréza Karbassan, vice-ministre des Mines, de l'Industrie et du Commerce, PDG de l'IMIDRO d'autre part.

La cérémonie de signature de l'Avenant qui prorogea la convention de la SBDT, a été rehaussée de la présence de son Excellence Monsieur Sadati Amiri Ambassadeur de la République Islamique d'Iran, en Guinée.

Les résultats ainsi atteints ont suscité assez d'espoir et de soulagement tant pour la Direction générale de la Société que pour les Partenaires Guinéen et Iranien engagés dans la dynamique de valoriser les ressources du pays, d'améliorer l'environnement socio-économique de la population locale et de satisfaire les besoins en bauxite de l'industrie minière iranienne.

Préjudices subis

La Société des Bauxites de Dabola-Touque a subi dans son évolution de difficiles épreuves qui ont joué négativement sur le développement du projet. On relève de sa date de création en 1992 à l'arrêt des activités de la Société en 1998, les pertes d'investissements enregistrées s'élèvent à plus de vingt millions de dollars.

Ces investissements ont servi à la réalisation des différentes Études de Faisabilité, à l'achat des Wagons, des locomotives, des engins de mine, et des infrastructures de la base vie, etc.

Par exemple, on peut noter avec regret le découpage de cinq locomotives et de quinze wagons qui ont été vendus par la famille présidentielle, et cette affaire est restée pendante à la justice sans aucune suite.

Deux autres locomotives sorties d'usine sont en train de se détériorer sous l'effet des intempéries, à la base vie créant une situation de remords et de désolation.

Les acharnements à l'endroit de la société sont souvent d'ordre administratif, impliquant les autorités minières à vouloir se substituer à la Direction générale, au Comité technique, au Conseil d'Administration et à l'Assemblée générale des Actionnaires en prenant souvent des décisions unilatérales.

Les règles du jeu transcrites dans les conventions qui sont signées, ratifiées, promulguées et exécutées comme loi de l'État méritent respect et considération de la part de tous les actionnaires et de l'Administration minière.

Il est incompréhensible de justifier la décision prise par la Primature d'ordonner le retrait « du permis » de la Société des Bauxites de Dabola-Tougué, dont les motivations sont données dans la correspondance suivante :

À Monsieur le ministre des Mines et de la Géologie

« Dans le cadre de l'application de la nouvelle politique minière du Gouvernement qui consiste en la transformation sur place de nos ressources pour la création de valeurs ajoutées, le développement des infrastructures, la diversification des investisseurs dans le secteur ainsi que la récupération des permis gelés ; je vous demande de prendre toutes les dispositions diligentes et appropriées pour reverser dans le portefeuille minier de l'État le permis de la SBDT gelé depuis 16 ans, ce, à l'exception du plateau de Léguétéra dont la situation et les mises en valeur doivent être réexaminées et réévaluées.

À cet égard, je vous demande d'autoriser la Société CAMEC (Central African Mining and Exploitation Company) à poursuivre les activités de reconnaissance et d'exploration sur le plateau bauxitique de Dabola-Tougué et me tenir informé de l'évolution du dossier. »'

Lettre N° 000220/CAB.P/12 Mars 2008.

C'est suite à la correspondance de Monsieur le Premier Ministre que la Direction générale de la SBDT a été instruite par le ministre des Mines et de la Géologie de s'enquérir de la situation sur le terrain et auprès des autorités préfectorales.

Compte rendu de mission

« Suite à vos instructions, la Direction générale de la SBDT a effectué une mission de travail pour s'informer auprès des autorités locales, de la situation créée par la présence de la Société CAMEC (Central African Mining and Exploitation Company), dans les limites de la concession minière attribuée à la SBDT.

En effet la société CAMEC a pu, on ne sait comment, se procurer de la correspondance N° 00220/CAB/du 12 mars 2008 du Premier ministre adressé à votre Excellence ainsi que la lettre de transmission N° 00235 du Cabinet du Premier ministre en date du 18 mars 2008.

Ces documents ont été présentés aux autorités préfectorales et ont servi de base pour donner à la société CAMEC l'autorisation de procéder à la reconnaissance des plateaux bauxitiques de la SBDT et elle a largement profité de l'opportunité qui lui a été ainsi offerte.

La Direction générale après des séances de travail avec le Secrétaire général de la Préfecture de Dabola, monsieur Boubacar Biro BARRY ; le Sous-Préfet de Dogomet, monsieur Ibrahima Kalil SAMOURA et le président de la Commune Rurale de Développement (CRD) de Dogomet, l'Honorable Saliou BARRY, constate avec regret que la société CAMEC a bénéficié de beaucoup de largesses à telle enseigne qu'elle s'est permis d'agir en lieu et place des autorités du Ministère des Mines et de la Géologie. Cet avis a été partagé par toutes les parties.

Aussi CAMEC a semé la désinformation jusqu'au niveau du simple citoyen de la contrée en faisant prévaloir ses droits sur la concession minière octroyée à la SBDT qui est une Société mixte légalement établie en République de Guinée.

Les autorités locales ont présenté des excuses à la Direction générale de la SBDT pour la simple raison qu'elles ne sont pas concernées par ces correspondances. La Direction générale a joint à la présente, les documents récupérés sur place pour servir de pièces à conviction » ***Lettre N° SBDT/08/1252 du 4 avril 2008.***

La lettre réponse à la Primature relative « au reversement du permis de la SBDT dans le portefeuille de l'État » par le ministre Ahmed Kanté qui a su désamorcer la crise en gestation entre les Partenaires Guinéen et Iranien.

À Monsieur le Premier Ministre

« J'ai l'honneur d'accuser réception de votre lettre N° 000220/CAB-PM/ du 12 mars 2008, relative au reversement du permis de la SBDT, dans le portefeuille de l'État.

À cet effet je voudrais porter à votre connaissance que la SBDT, au lieu d'un simple permis de recherche, dispose d'une concession minière qui a été octroyée par Décret N° 98/050/PRG/SGB du 25 mars 1998.

Cette concession fut octroyée sur la base de la convention signée entre l'État guinéen et la République Islamique d'Iran en juillet 1992.

Au terme de cet accord, la Société des Bauxites de Dabola-Tougué fut créée avec 49 % des actions à la Guinée et 51 % à la République Islamique d'Iran. Les 49 % du partenaire A (la RG) a été souscrite en “contrepartie” de l'apport de la concession minière.

À cet effet et compte tenu du programme actuel de la SBDT (évacuation de la bauxite par le pipeline avant la construction de l'usine d'alumine), il me semble judicieux de laisser l'examen de ce dossier au CIRCAM, qui après analyse pourrait nous indiquer les voies et moyens pour résoudre ce problème. »

Lettre N° 410/MMG/CAB/07 Avril2008

Ce fut, la lettre de Monsieur Louncény Nabé, ministre des Mines et de la Géologie, à madame le Préfet de Dabola qui a mis fin aux incursions répétées de la société CAMEC dans la concession minière de la SBDT dont voici le contenu :

À Madame le Préfet de Dabola

« Mon Département a été informé par la Direction générale de la Société des Bauxites de Dabola-Tougué des incursions répétées de la CAMEC à l'intérieur de sa concession minière.

À propos je relève à votre attention que la SBDT est une Société d'économie mixte qui engage le Gouvernement guinéen à développer avec la République Islamique d'Iran, dans le cadre de la coopération bilatérale, le projet de mise en valeur des ressources bauxitiques du périmètre attribué.

La SBDT a bénéficié d'une convention signée, ratifiée et promulguée par les Autorités guinéennes et connaît aujourd'hui une avancée significative pour la réalisation du projet. À date, des appels d'offres internationaux pour l'Ingénierie, l'Approvisionnement et la Construction (IAC) sont déjà lancés.

Au regard de tout cela, je vous demande de prendre toutes les dispositions pour faire éviter à la SBDT un conflit avec la CAMEC qui pourrait compromettre dangereusement la mise en œuvre du projet »

(Lettre N° 0354/MMG/CAB/ du 7 octobre 2008).

En 2009, et cela contre toute attente, le Cabinet civil à la Présidence de la République adresse une note technique, à l'attention de Monsieur le Ministre des Mines, de l'Énergie et de l'Hydraulique, relative à la doléance des cadres et ressortissants pour le développement de la préfecture de Dabola.

L'objet de la requête fut l'octroi d'un permis d'exploration à la Multinationale anglaise CAMEC sur le site bauxitique gelé depuis dix-huit (18) ans par la Société des Bauxites de Dabola-Tougué. (***Lettre N° 0039 PRG/SGP/SP du 24 février 2009***). Le contenu de la correspondance explique entre autres que :

« Cette situation qu'on ne peut qualifier, a amené les ressortissants de Dabola à poser le problème de gel de leurs ressources aux Autorités d'alors, comme on le remarquerait aisément à travers les pièces fournies aux dossiers.

La saisine des Autorités a conduit Monsieur le Premier ministre à instruire son ministre des Mines et de la Géologie de retirer les permis gelés et de les reverser dans le portefeuille de l'État et d'autoriser la Multinationale Anglaise CAMEC PLC, introduite en Guinée par les Cadres de Dabola, à entreprendre les études de reconnaissances sur le site bauxitique de Dabola-Tougué… »

D'après cette correspondance, le ministre Ahmed Kanté ne s'est pas exécuté et ce fut après son départ du Gouvernement que le Directeur national des Mines a octroyé le permis de reconnaissance à la CAMEC.

Ce fut le tour de monsieur le ministre Loucény Nabé de sommer l'ingénieur Sidiki Condé directeur national des Mines d'annuler l'autorisation de reconnaissance qu'il avait délivrée. Et c'est ce qui fut fait à la satisfaction de la Direction générale de la Société des Bauxites de Dabola-Tougué, pour mettre ainsi fin à cette malheureuse mésaventure.

L'Association pour le Développement économique de Dabola (ADED) a écrit au Président de la République de Guinée, Président du Comité national pour la Démocratie et le Développement (CNDD), pour l'octroi de la concession minière de la SBDT à la CAMEC PLC.

Sur invitation du Président Moussa Dadis Camara, les parties intéressées se sont retrouvées au Camp Alpha Yaya, dans la banlieue de la capitale Conakry. Cette rencontre n'a pas eu d'effet sur la SBDT et les représentants de l'association de Dabola furent renvoyés par le Chef de l'État.

Après quelques instants, le Président de la République a chargé le ministre Mahmoud Thiam, ministre des Mines et de la Géologie de présenter des excuses à la Direction générale de la SBDT, pour le désagrément subi et qu'il nous reviendrait en cas de besoin, mettant définitivement un terme aux agissements insensés de l'ADED.

Réalisation du Projet

Le développement du projet de la SBDT a connu une évolution diversement appréciée par les partenaires associés et les populations environnantes.

La tendance actuelle des avis se résume sur les pertes de temps enregistrées et d'opportunités manquées pour l'atteinte des objectifs de la Société, malgré les immenses sacrifices consentis en termes d'investissement.

La réalité de développement de ce mégaprojet est suffisamment exposée, dans les précédentes pages, et est bien connue pour permettre à la population intéressée, de se faire une idée sur les efforts déployés par les Partenaires.

Le développement de la SBDT doit s'inscrire dans une dynamique intégrant plus de réalisme dans les prises de décisions et en tenant compte des paramètres technico-économiques contenus dans les Études de Faisabilité.

La SBDT a souffert des prises de position injustifiables ayant causé assez de préjudices à son développement, entravant de facto la réalisation des projets.

Le cas le plus regrettable fut l'attitude de l'administration minière qui pour des considérations inavouées s'est volontairement réservé d'accompagner le consortium ICG, adjudicataire de l'appel d'offres, pour le développement de la SBDT.

Le nouveau ministre des Mines et de la Géologie n'avait pas accepté la défaite relative au reversement « du permis » de la SBDT dans le portefeuille de l'État et s'est donné pour tâche de contrer l'évolution du projet.

Ainsi les responsables de la Société furent aussitôt orientés vers le Comité de Revue des Titres et Conventions miniers, d'où ils ont été soumis à de nombreuses questions administratives et d'échanges sur l'objet et le Statut juridique de la SBDT, parfois des discussions autour des différents volets du projet.

Le passage devant ce pool d'avocats constitué pour la cause a permis d'évacuer tous les soupçons qui pesaient sur la société et elle fut rétablie dans ses droits.

Le ministre a également tenu que le système de transport de la bauxite par le pipeline soit défendu devant les experts de la Banque Mondiale chargé d'élaborer le schéma directeur des infrastructures de transport minier en Guinée.

Le résultat très positif de cette rencontre a encouragé la société à faire de son projet un modèle de développement économique dans le secteur minier.

Toutes les tentatives de déstabilisation n'ayant pas abouti le chef du département a opté d'isoler la SBDT, en lui refusant sur une longue période toutes les demandes d'audience. La seule fois qu'il accepta de rencontrer la Direction générale, les discussions ont duré une heure et demie.

À propos il fut obligé d'adresser la lettre suivante au Directeur général de la société dont voici la teneur :

À Monsieur le Directeur général de la SBDT

« Suite à nos entretiens relatifs à la mise en œuvre de notre projet commun, j'ai l'honneur de porter à votre connaissance mon souhait de convoquer la session du Conseil d'Administration de la SBDT entre le 23 février et le 2 mars 2012 à Téhéran en République Islamique d'Iran.

Ladite session examinera toutes les questions liées au démarrage des activités du projet.

En effet, les partenaires guinéens et iraniens impliqués dans le projet ont consenti ces dernières années des efforts considérables qui ont abouti à date au choix d'un consortium de société pour la réalisation de ses différents volets.

L'agenda du conseil devra intégrer une présentation des résultats techniques des études réalisées, des informations relatives à la préservation de l'environnement, des impacts socio-économiques du projet et un programme précis des travaux de construction.

Cette présentation devra être faite par le consultant qui a réalisé les études à l'attention des membres du conseil ».

Lettre N° 0136/MMG/CAB/20… du 1er février 2012/20….

Le conseil qui devrait se tenir avant le 2 mars 2012 n'a pas eu lieu, et le ministre adressera une correspondance au vice-ministre de l'Industrie, des Mines et du Commerce de la République Islamique d'Iran, Vice-Président du Conseil d'Administration de la SBDT, en s'exprimant en ces termes :

Monsieur le vice-ministre,

« J'ai l'honneur de vous informer que pour des raisons de calendrier chargé je ne pourrais pas participer à la prochaine session du Conseil d'Administration qui se tiendra à Téhéran, en République Islamique d'Iran.

Je vous prie de bien vouloir en faire part aux Administrateurs de la société de cette absence indépendante de ma volonté.

Afin de permettre la tenue de ladite session, je délègue mes pouvoirs à monsieur Sékou Traoré, conseiller économique principal du Premier ministre, Chef du Gouvernement, Administrateur de la SBDT, de me représenter audit Conseil d'Administration. » ***Lettre N° 0814/MMG/2012 du 18 mai 2012.***

Délégation de Pouvoir

Le ministre des Mines et de la Géologie, Président du Conseil d'administration de la Société des Bauxites de Dabola-Tougué (SBDT Sa) a donné mandat à Monsieur Sékou Traoré, Conseiller économique principal du Premier ministre, Chef du Gouvernement ; administrateur de la

SBDT de le représenter au Conseil d'Administration du 22 mai 2012 à Téhéran, République Islamique d'Iran.. ***(Délégation de Pouvoir n° 0006/MMG/2012 du 18 mai 2012).***

C'est après avoir rassuré tous les membres de la tenue du conseil à la date choisie que le ministre a envoyé son conseiller juridique en mission à Moscou.

La Direction générale de la société informée de cette situation a pris attache avec monsieur Saadou Nimaga, conseiller juridique du Ministère des Mines et membre du CA de la SBDT pour lui tenir informé des dispositions prises par le Président du conseil d'Administration, ministre des Mines et de la Géologie, en l'envoyant tous les documents relatifs à la tenue de cette session tant attendue.

C'est ainsi que les membres dudit conseil se sont retrouvés à Téhéran pour discuter de toutes les questions liées au démarrage des travaux de construction et du financement des différents volets du projet. Il a été conclu que les Partenaires se retrouveront très rapidement à Conakry pour statuer sur le programme de développement du projet.

De retour à Conakry, la délégation conduite par monsieur Sékou Traoré n'a pas été reçue, par le ministre, en signe de protestation de la présence de son conseiller juridique au Conseil d'Administration qu'il venait de convoquer à Téhéran.

Ceci expliquerait la position du chef du Département vis-à-vis de la SBDT, qui continuera à subir à tort, l'immobilisme de ses activités après tant d'efforts consentis, en l'empêchant ainsi d'atteindre ses objectifs de développement.

Cette périlleuse situation a placé le Directeur général Adjoint dans l'obligation d'adresser au Chef de l'État une correspondance pour une demande d'audience :

Excellence Monsieur le Président,

« La présente démarche consiste à solliciter auprès de votre haute bienveillance une audience ayant pour but de donner les informations à l'Autorité que vous êtes sur la Société des Bauxites de Dabola-Tougué (SBDT sa) en vue de vous aider à faire une meilleure lecture de sa situation actuelle.

En ma qualité de Directeur général adjoint de cette société, je voudrais joindre mes efforts à ceux fournis par les Autorités du Ministère des Mines et de la Géologie pour vous permettre de saisir, les différents aspects de ce dossier qui a besoin d'une prise de décision.

En effet, la situation à laquelle cette société fait actuellement face mérite d'être portée à votre haute bienveillante attention.

À propos la SBDT est une société de droit Guinéen fruit de la coopération entre la République de Guinée (49 % des Actions) et la République Islamique d'Iran (51 %). Elle a été créée en juillet 1992, ratifiée et promulguée en août 1992.

De sa date de création à nos jours la SBDT a toujours traversé des difficultés inexplicables qui n'interviennent que lorsque toutes les conditions sont réunies pour sa mise en œuvre.

À date la SBDT est en phase de réalisation et le consortium de sociétés (ICG) choisi par voie d'Appel d'Offres internationales pour la mise en œuvre du projet n'arrive pas encore à démarrer les travaux de construction, et ce depuis 2010.

N'eût été cet état de fait, ce projet qui a tant retardé pour des raisons diverses serait déjà en production. Il est prévu pour sa première phase la commercialisation de 4 à 10 millions de tonnes de bauxites par an et en deuxième phase la production de l'alumine dont la date de construction de l'usine et de sa capacité fera l'Objet d'un accord entre les partenaires.

Toutes les questions liées au développement du projet devraient se discuter à Conakry par les Administrateurs de la société pour fixer la date de démarrage des travaux, du chronogramme de réalisation et du financement dont l'avance de vingt-cinq millions d'Euros a été annoncée par le Partenaire et adoptée par résolution du Conseil d'Administration.

Le partenaire iranien a encore réaffirmé en 2012 sa volonté de créer les meilleures conditions pour accompagner le projet au cours de la dernière session du CA tenue à Téhéran.

Malheureusement le Conseil d'Administration de Conakry tarde à se concrétiser et crée des difficultés énormes à la société.

Le coût du projet étant de 505 millions d'Euros en 2010 doit être réajusté en fonction des réalités du marché.

Les engagements contractuels de la société ne seront pas tenus et le plus important des manquements concerne le Port Autonome de Conakry (PAC) où la SBDT doit aménager 33 hectares dans la zone Est dudit port ; prolonger le quai et draguer le chenal à une profondeur de 14 mètres, afin de faciliter l'accès aux navires de gros tonnage et de rendre le port de Conakry compétitif sur le plan régional.

Ainsi le temps de réalisation des différents volets du projet étant prévu pour 2010-2013 ne peut plus être tenu.

Excellence Monsieur le Président, je voudrai mettre à profit cette audience si elle mettait accordée pour vous faire la situation sommaire de la SBDT de1992 à 2013 afin d'asseoir votre conviction forte sur l'avantage que la Guinée pourrait tirer de sa réalisation.

Je souhaiterais également vous parler du transport de la bauxite à travers le pipeline, un projet innovant en Guinée ayant pour but essentiel de solutionner les problèmes spécifiques liés à l'évacuation du minerai situé à près de 400 km des côtes.

L'introduction de cette méthode en Guinée facilitera une exploitation rationnelle et judicieuse de la bauxite de la SBDT avec des résultats socio-économiques fiables, respectueux des normes environnementales qui feront du secteur minier un exemple du développement durable de notre pays.

Il faut noter que le transport par pipeline de la production de la SBDT a déjà fait l'objet d'une Étude de Faisabilité valable, approuvée par le Ministère des Mines et de la Géologie ». **Lettre Réf : *SBDT/13/1859 du 09 décembre 2013/déposée le 12 /Décembre/2013 à la Présidence.***

La SBDT, dans l'attente de la réponse à sa requête, continuait à subir injustement les effets de l'arrêt imposé par l'Administration minière. Cette situation d'incertitude devenait insupportable pour le consortium ICG et décida du retrait de l'offre, un retrait qui aura des conséquences négatives sur l'évolution du projet en termes financier et de délai de réalisation.

C'est dans cet état de désolation que le Partenaire iranien a informé le Partenaire guinéen, qu'il venait d'engager des discussions avec de nouveaux investisseurs dont les résultats seront soumis pour examen aux Administrateurs de la Société.

Cette rassurante démarche a facilité une rencontre des décideurs pour discuter des problèmes de leur projet commun en Assemblée générale extraordinaire, ténue en avril 2015 à Paris, présidée par Monsieur Kerfala Yansané ministre d'État, ministre des Mines et de la Géologie, Président du Conseil d'Administration de la SBDT.

En cette heureuse circonstance d'importantes résolutions sont prises dont entre autres, la réactualisation du coût du projet à travers une Étude de Faisabilité bancable, la prorogation de la convention et des titres miniers (concession et permis de recherche et d'exploitation).

Situation actuelle

Le Comité technique de la Société s'est réuni à Téhéran les 30 avril et 1er mai 2017 pour examiner les Études de Faisabilité bancables présentées par le Consultant (DMT consulting limited), conformément à la résolution de l'Assemblée générale extraordinaire ténue à Paris, en 2015.

Le coût du projet est de 715,4 millions de Dollars USD, le mode de transport choisi coûte 42 % du coût total du projet. Les réserves actuelles sont estimées à 65,2 millions de tonnes de bauxites. Ce qui n'est pas suffisant pour une longue durée d'exploitation.

C'est pourquoi le consultant a recommandé la poursuite des travaux de prospection sur le plateau bauxitique de Konko pour augmenter les réserves à 120 millions de tonnes et la durée de vie de la mine à 23 ans avec un meilleur retour de l'investissement pour une production annuelle de 5 millions de tonnes par an.

Au cours de sa présentation, le consultant a indexé les facteurs pouvant influencer le projet notamment, le marché de la bauxite, le prix de revient de la production, la fiscalité locale et le mode de financement.

Il a conclu son exposé en insistant sur le soutien du Gouvernement guinéen en ce qui concerne : les allègements fiscaux supplémentaires et l'octroi de permis de recherches de bauxites dans la zone côtière pour rendre le projet attractif et en permettant la SBDT de réduire le prix FOB.

Suite à la présentation, les membres du Comité technique ont eu de fructueux échanges avec le consultant sur les différentes composantes du projet :

— Mines (précisions sur les réserves en bauxites, la teneur moyenne en alumine, et en silice et autres).

— Le système de transport de la bauxite (le pipeline et alimentation en eau et autres), —

— Le port d'évacuation de la production (Port Autonome de Conakry).

Le Comité technique de la SBDT composé de 8 membres (dont 4 experts guinéens et 4 experts iraniens) se sont intéressés à tous les paramètres technico-économiques du projet.

Les réponses données ont été satisfaisantes et le comité a accepté l'Étude de faisabilité faite par le consultant DMT, en recommandant au Conseil d'Administration pour la réalisation rapide du projet de faciliter :

— la poursuite de l'exploration sur le plateau bauxitique de Konko pour porter les réserves exploitables (Léguétéra et Konko) à 120 millions de tonnes ;

— l'allégement de la fiscalité en tenant compte des recommandations du Consultant ;

— l'octroi d'un permis de recherche de bauxite à la SBDT dans la zone côtière pour rendre le projet assez rentable.

En ce qui concerne les travaux d'exploitation du plateau de Konko en vue de proroger la durée de vie et la rentabilité de la mine de la SBDT, le Conseil tenu à Conakry, en mai 2017, sur proposition de la Société IMIDRO, a recommandé la mise à disposition de la SBDT des ressources financières pour poursuivre les activités d'exploration en 2018. À date les travaux d'exploration sont déjà achevés.

Pour la demande du partenaire iranien relative à l'octroi du permis de recherche de bauxite à la SBDT dans la zone côtière pour rendre le projet plus rentable et satisfaire les besoins urgents en bauxite des usines d'alumine en Iran, le partenaire guinéen a fait les suggestions suivantes :

— La vente directe de la bauxite,

— La participation éventuelle dans l'actionnariat des sociétés minières existantes qui souhaiteraient ouvrir leur capital,

— La détection des permis d'exploration dans les blocs de bauxite existants.

Une préférence a été faite pour la mise à la disposition de la partie iranienne, une quantité de bauxite pouvant aller de 2 à 3 millions de tonnes. Cette option de la partie guinéenne, d'autant plus que le code minier lui donne en tant qu'actionnaire bénéficiant de 15 % d'action d'user de son droit de commercialisation en mettant à la disposition du partenaire iranien, la bauxite à hauteur des quantités possibles.

Le Conseil a recommandé qu'une commission bipartite soit mise en place afin de travailler sur les différentes options et proposer au Conseil d'Administration au plus tard fin mars 2018, un plan de mise en œuvre effectif. À cet effet, chacune des parties a désigné les personnes ci-après pour la représenter dans ladite commission.

Pour la partie A : Dr Alkaly Yamoussa Bangoura (conseiller spécial chargé des questions minières à la Présidence de la République) et Monsieur Kagbè Touré (Administrateur Adjoint de la Soguipami).

Pour la partie B : Monsieur Hemmati (Directeur général de la SBDT), et Monsieur Aghajanlou (Directeur de l'industrie minière IMIDRO).

Pour une grande efficacité, chacune des parties pourra adjoindre des personnes ressources qu'elle jugera nécessaires et compétentes afin de respecter le délai du 31 mars 2018. C'est cette disposition qui a permis à Dr Fodé Ibrahima

Diaby de participer à la première rencontre de ladite commission à Conakry, en sa qualité de Directeur général adjoint de la SBDT, représentant de l'État dans la société.

Pour une coopération plus étendue entre la République de Guinée et la République Islamique d'Iran, qui ont des atouts différents, mais complémentaires dans le domaine Bauxite-Alumine-Aluminium, la partie iranienne a invité la partie guinéenne à prendre des Actions dans les sociétés évoluant dans la filière alumine et aluminium en Iran. La République de Guinée se propose d'examiner cette offre avec attention et de formuler une réponse dans les meilleurs délais.

Pour les allègements fiscaux et les congés fiscaux sollicités par le consultant DMT/MME (Mines & METALS Engineering GMBH) de la partie B et leur impact sur le modèle financier, le Conseil d'Administration a retenu que les séances de travail se fassent rapidement entre le consultant de la partie B et monsieur SYLLA Mamadouba, représentant de la partie A, conseiller du ministre guinéen du Budget.

Celles-ci devront aboutir à des simulations et proposer des solutions idoines pour au plus tard fin mars 2018 dans l'intérêt des parties tout en tenant compte de la complexité liée aux différents types d'impôts évoqués (congé fiscal, réduction de l'impôt sur les sociétés, etc.) dont certains requièrent la soumission et l'approbation du parlement guinéen.

Concernant la superficie à mettre à la disposition de la SBDT au Port Autonome de Conakry (PAC), la Directrice générale, après avoir présenté brièvement la situation actuelle des espaces occupées et disponibles, a accepté d'inclure dans le projet du PAC, la demande de la SBDT dans la zone Est. Les deux parties doivent se concerter rapidement sur la faisabilité technique de cette demande et soumettre la recommandation au plus tard le 31 mars 2018.

Ce travail a été effectué par les parties (SBDT et PAC), et le contact a été établi entre la Direction du PAC et les consultants MME/DMT dans le cadre de la mise en œuvre des résolutions du Conseil d'Administration, dont la Directrice générale du PAC, est partie prenante.

Pour la mise en œuvre du projet, le conseil a fortement recommandé à la société ASCOTEC de finaliser le dossier d'appel d'offres afin d'identifier et sélectionner les entreprises ayant les compétences nécessaires pour la réalisation des travaux relatifs à la mine, la construction du pipeline, aux équipements de filtration au Port Autonome de Conakry.

Les partenaires de la SBDT ont été régulièrement informés des résultats obtenus, suite au lancement des appels d'offres, sur le niveau de participation des consortiums de sociétés et le nombre de sociétés pré-qualifiées. La fin de la procédure, permettra au Conseil d'administration de proclamer l'adjudicataire de l'offre devant réaliser les différents volets du projet.

Ainsi la non-tenue du conseil en Mars 2018, n'a pas empêché la poursuite des recommandations faites à la société Ahwaz Steel Complex (ASCOTEC) relative à la finalisation de l'appel d'offres. Cependant les autres dispositions prises par le Comité technique sont restées pendantes et sans suite. Ce retard constaté ne sera pas sans conséquence négative sur l'évolution des différents volets des projets de la Société des Bauxites de Dabola-Tougué, en somme sur le programme de leur mise en œuvre.

D'où la nécessité d'éviter davantage de pertes de temps et de vouloir relever les défis qui sont susceptibles de compromettre l'avenir de la Société des Bauxites de Dabola-Tougué.

L'idéal serait de tenir compte des recommandations du Comité technique, qui ont été faites sur la base des résultats d'une Étude de Faisabilité bancable réalisée par une expertise internationale, demandée par le Conseil d'Administration, au bénéfice des partenaires associés. L'avenir de la Société des Bauxites de Dabola-Tougué (SBDT) dépendra désormais de la volonté des partenaires guinéen et iranien à pouvoir relever ces défis.

CHAPITRE VIII

Les aléas de la cohabitation

Le secteur minier guinéen a connu une évolution en dent de scie, il a souvent traversé des situations inédites et parfois rendant difficile la réalisation des projets, créant ainsi d'énormes pertes de temps en termes d'opportunités.

Ce chapitre intègre des réalités vécues, il permet d'avoir une meilleure lecture de l'évolution de nos projets, d'identifier les causes réelles de l'immobilisme de ce secteur vital de l'économie nationale.

Il s'agit là, d'une vie professionnelle fondée sur la sérénité permettant de transcender les aléas d'une cohabitation parfois difficile, sérénité ayant conduit à l'accomplissement d'un travail bien réussi.

Le savoir et le savoir-être ont pu nous extraire miraculeusement, des pièges et des plans de déstabilisations, tendant à compromettre l'atteinte de nos objectifs.

Il est souhaitable de partager ces moments difficiles et exaltants de cette vie professionnelle qui a guidé nos pas vers un destin prometteur et rassurant, plein d'opportunités et de mutations.

La nécessité s'impose souvent à notre volonté de passer sous silence les vicissitudes que chacun gère à sa manière. Pour ma vie professionnelle, de nombreuses interférences s'inscrivent dans une dynamique empêchant un citoyen de participer à la qualification des efforts de développement de son pays et qui méritent cependant d'être connues. Car il s'agit là des défis à relever pour faciliter un fonctionnement plus réaliste du secteur minier.

Ce dernier étant placé dans la position de créer les conditions optimales pour un épanouissement économique, auquel doivent prendre part, de manière remarquable, des spécialistes de haut niveau de qualification scientifique et technique.

On peut noter qu'il est temps de comprendre que l'avenir du pays en dépend et que personne ne doit s'opposer à une telle opportunité.

Et conclure que la connaissance de la valeur industrielle des ressources minières, objets de négociations, à travers les conventions, des projets d'exploitation et autres sont les domaines de prédilections, réservés aux spécialistes en la matière.

C'est la meilleure manière de garantir au pays un développement durable et équilibré de nos ressources.

Les surprises

Dans la vie comme on le dit souvent il y a des hauts et des bas, c'est la loi du changement. Et à ce titre les souvenirs, tout comme les surprises épousent cette loi du changement.

Les deux formes de surprises se côtoient dans ce chapitre, elles peuvent être agréables et parfois désagréables. Elles peuvent créer un état d'âme qui se cristallise en expérience dans la vie de tous les jours.

C'est suite à un séjour de travail en Guinée, à l'effet d'élaborer ma thèse de doctorat, que je découvrais pour la première fois, des comportements surprenants de la part de certains de mes interlocuteurs, censés m'accorder l'aide nécessaire dans ma mission.

Ma surprise fut grande et incompréhensible, en constatant dans ce cercle, la présence de certains camarades de promotion d'université, ayant partagé avec moi et cela dans un passé récent, les difficiles combats pour la conquête du savoir et du savoir-faire et qui occupaient des positions privilégiées dans le département des Mines et de la Géologie.

Il m'a fallu le soutien du doyen Mamadou Doumbouya, l'ex-Secrétaire général du ministère des Mines, pour sortir de cette malheureuse situation, en m'offrant la chance d'intégrer la Société Dinguiraye Gold Mining, évoluant dans la préfecture de Dinguiraye, et en y effectuant sept mois de recherches.

Sur le terrain, toutes les conditions de travail étaient réunies, l'encadrement technique dirigé par monsieur Lambert et les homologues guinéens m'ayant accordé une large part de leur sympathie et leur soutien moral.

Les meilleures conditions ont été réunies, pour une parfaite réussite de mon programme de travail, conçu par le Professeur Bogdan Bogdanov et collaborateurs du Décanat de prospection et de recherches des minéraux utiles, de l'Institut Supérieur des Mines et de la Géologie appliquée de Sofia, en Bulgarie.

Retour à la Source

Cette source est bien le Ministère des Ressources naturelles et de l'Énergie d'alors, visé par Dr Diaby. Il a aussitôt formulé une demande d'affectation auprès de l'Enseignement supérieur pour le Ministère des Ressources naturelles et de l'Énergie qui fut transmise à la Direction nationale des Mines pour examen.

Le Directeur de cette institution a demandé un entretien au postulant, un entretien au cours duquel il annonce le préalable à accomplir avant l'examen de cette demande d'affectation, pour ainsi dire, il propose que le passage devant un jury de soutenance fût la meilleure option pour examiner le contenu technique et scientifique de ma thèse.

Une condition aussitôt acceptée par le candidat qui a permis d'ouvrir des débats et des échanges d'informations autour de cette thèse. Il était inutile de revenir sur certaines péripéties de cette fameuse soutenance organisée pour seulement empêcher leur collègue d'intégrer le Département des mines.

Le fond scientifique de cette thèse est incontestable et l'auditoire composé pour cette circonstance est resté souvent évasif sur les questions posées. La raison pour laquelle, l'auteur fut placé dans l'obligation de faire assez de pédagogie et de rappel afin de faciliter, à cette assistance la compréhension des sujets évoqués. La défense s'est passée, selon les membres du jury, dans les règles de l'art et l'auteur fut vivement félicité par son président.

À propos un rapport a été fait et transmis à l'autorité en concluant que compte tenu « des besoins du département en cadres spécialisés, nous estimons que le candidat pourrait être utilisé dans :

— Le projet Dinguiraye où l'application scientifique et pratique de son travail pourrait se poursuivre.

— L'une des directions techniques ci-après : Direction nationale des Mines ou Direction nationale de la Géologie ».

Le document devant permettre au candidat d'intégrer le Ministère des Ressources naturelles était muet sur la position que ce dernier devrait occuper dans le cadre organique de la Direction nationale des Mines.

Ce mutisme disait long, sur leur volonté manifeste de fermer la porte pour un éventuel recrutement dudit candidat, malgré les éloges faits sur sa prestation au cours de la rencontre d'échanges avec les membres du jury, relevant des différents services techniques de la Direction nationale des Mines.

Le message ayant été bien compris, j'ai sollicité une rencontre avec Monsieur le ministre en charge des Mines, et celui de l'Éducation nationale et de la Recherche scientifique.

C'est suite à ces rencontres que mon dossier de reprise fut transmis à Monsieur le Ministre de la Fonction publique et de la Réforme administrative, et à toute attente, un Arrêté fut pris pour me mettre à la disposition du Ministère des Ressources naturelles.

Cet acte de soulagement m'éloignait de toutes formes de spéculation rendant difficile la réalisation de mon rêve, celui de participer activement au développement des activités relatives à la mise en valeur des ressources minières de mon pays.

Un rêve qui se concrétisa par un premier séjour à l'Office de Recherches géologiques, une des divisions de la Direction nationale de la Géologie, et qui se poursuivra avec détermination dans les différentes fonctions que j'ai eu à assumer.

Souvent, il n'est pas aisé de parler de certaines situations, volontairement créées dans l'optique de porter préjudice à la cohésion et à l'unité des travailleurs, en utilisant la désinformation comme arme de déstabilisation. Une telle attitude ne pouvait prospérer dans la cité et la priorité a été donnée aux débats scientifiques et d'échanges du savoir-faire.

Toutes les conditions ont été créées pour faire comprendre que l'homme, cet être conscient et maître de son devenir ne peut transcender les difficultés que par et à travers la connaissance et l'expérience professionnelle.

Une place de choix étant réservée au savoir-être, c'est-à-dire l'aptitude de pouvoir donner pleine satisfaction à l'attente de la profession du géo-mineur, qui rassure aussi bien sur le terrain que dans les cas liés à la mise en œuvre des initiatives de développement des ressources naturelles du pays.

Il est question de poursuivre et de maintenir les ambitions à atteindre, celles de promouvoir une avancée significative et rassurante, pour un environnement socio-économique durable.

Des efforts considérables ont été consentis en direction de l'Administration minière pour attirer l'attention de monsieur le ministre des Ressources naturelles et de l'Énergie d'alors, sur la nécessité d'une synergie permettant à toutes les compétences, relevant de son autorité, pour une analyse de la difficile situation que traversait le Département.

Ce mémorandum à l'adresse de monsieur le ministre des Ressources naturelles et de l'Énergie, très explicite, a tenu à mettre en relief aussi bien les inquiétudes et les espoirs que les points d'échauffements et d'attentes que connaissait l'institution.

À l'attention de Monsieur le Ministre

« En considérant d'une part, l'effort de participation de notre Département au développement de notre pays et d'autre part, l'intérêt que vous ne cessez d'accorder à l'épanouissement des ressources naturelles et de l'énergie, une analyse de la situation actuelle de notre département devrait susciter une réflexion concertée de toutes les compétences.

En effet, Excellence Monsieur le ministre, force est de reconnaître que les ressources humaines existent ainsi que les compétences. Nous pensons que les difficultés existent au niveau de la gestion et de l'utilisation rationnelle des cadres.

Le ministre de l'Éducation nationale vient de procéder à la reconnaissance des diplômes de certains cadres par Arrêté N° 6882 du 31 juillet 1997.

Ces cadres de haut niveau de qualification dont plus de 13 Docteurs Es-Sciences techniques sont tenus à l'écart des activités techniques de notre Département pour lesquelles ils sont capables de donner leurs modestes contributions pour satisfaire à vos attentes et celles du Gouvernement guinéen qui a consenti tous les efforts pour leur formation.

Conscients du rôle qu'ils sont appelés à jouer dans le redressement du Secteur énergétique et minier, les Docteurs de votre Département voudraient vous rassurer de leur volonté de vous aider à combler quelques insuffisances et de participer réellement à la mise en route d'un système cohérent des conditions favorables à notre épanouissement dans un monde de progrès et de développement.

Le problème essentiel aujourd'hui se résume à gérer le quotidien, malgré vos efforts déployés souvent en faveur d'une projection dans le futur, de vos ambitions de faire de notre Département un centre d'intérêt technico-économique et social.

Vous conviendrez avec nous, Monsieur le Ministre, que notre intention est de vouloir mettre nos acquis au service de notre pays pour le bien-être de notre peuple.

Nous estimons que ç'aurait été un tort de notre part, de ne pas venir vers vous. Il est temps que nous amorcions une réflexion commune allant dans le sens de l'amélioration des Stratégies de Développement des Secteurs miniers et énergétiques déjà mises en place.

Monsieur le Ministre, en tant que premier responsable de notre Département, vous êtes la personnalité toute désignée pour évaluer et soutenir une telle démarche.

Monsieur le Ministre, nous croyons très sincèrement en votre réalisme et en votre disponibilité habituelle qui nous font espérer trouver auprès de vous la compréhension de nos préoccupations » ***mémorandum du 28 octobre 1997.***

À la suite de ce mémorandum, l'Autorité n'a donné aucune réponse à cette précieuse demande. C'est cela aussi, une des caractéristiques de l'administration minière.

L'administration minière s'est plutôt engagée, dans des réformes institutionnelles, qui finalement n'ont pas apporté de grandes choses, en termes d'amélioration des activités pour lesquelles elles ont été créées. L'environnement socio-économique impropre à la relance des activités n'a pas permis de réunir les conditions nécessaires à la mise en œuvre des initiatives de recherches, de développement et d'exploitation des ressources minières.

On assiste au niveau des projets à un perpétuel recommencement des études très coûteuses pour les investisseurs et faisant ainsi perdre, temps et opportunités de financement.

Ce qui compromit considérablement l'atteinte des objectifs visés en termes de recherches, de constructions d'infrastructures de base permettant un développement harmonieux du pays.

Les initiatives

Dans le passé de très bonnes initiatives ont été prises par le Ministère, et il y a lieu de magnifier les efforts fournis malgré la persistance des pesanteurs n'ayant pas permis la réalisation de certains mégaprojets.

Parmi ces projets auxquels on fait allusion, on peut citer, les projets Mifergui-Nimba, Simandou et Bellezone évoluant dans la filière du fer. À ceux-ci il faut ajouter, la Société des Bauxites de Dabola-Tougué (SBDT) et de nombreux projets d'Or, de Diamant et d'Uranium, en haute Guinée et en Guinée Forestière.

Dans ce cas de figure, on n'occultera pas les initiatives de développement du projet de la SIDEM (Société Internationale pour le Développement minier) et celui de l'exploitation artisanale à Kankan.

Ces derniers ont fait l'objet d'une attention toute particulière du Directeur General Adjoint de la Sidem et du coordinateur de l'exploitation artisanale de l'Or en haute Guinée. Les résultats de ces investigations sont consignés dans les chapitres V et VI de cet ouvrage.

Vue d'ensemble des activités minières

De ce qui précède une analyse du secteur minier s'impose avec acquitté, raison pour laquelle l'auteur de cet ouvrage s'est intéressé à cette récurrente question, en écrivant un livre sur les activités minières en Guinée, intitulé « ' Regard sur le Secteur Minier Guinéen »', édité par Harmattan-Guinée, en 2017, livre préfacé par Monsieur Ibrahima Soumah, ancien ministre des Mines et de la Géologie.

Ce livre constitue une contribution de grande portée professionnelle pour la relance des activités minières, une source d'informations et de consolidation des connaissances géologiques pour une meilleure gestion du potentiel minier.

Le problème essentiel du secteur minier guinéen se trouve dans le fait qu'il n'arrive pas encore à servir correctement de levier à l'économie nationale. Cette situation a soulevé de multiples interrogations sur la gestion des ressources minières du pays.

Celle-ci a été abordée dans ce livre en donnant plus de visibilité à l'ensemble des activités minières en cours d'exécution, dans le but d'envisager des mesures correctives facilitant une relance rapide du secteur.

Ainsi, les perspectives de développement annoncées, pour une reprise économique certaine aboutiront à la mise en place d'une industrie minière de référence.

Pour atteindre cet objectif, la Guinée doit s'offrir les moyens nécessaires pour maîtriser les facteurs endogène et exogène qui sont identifiés dans cet ouvrage.

De par sa position, le secteur minier est bien une source de revenus pour le pays, mais les données statistiques montrent que les montants perçus sont relativement en deçà de notre attente. Ceci à cause des anomalies constatées au niveau du mécanisme de perception et d'orientation des fonds. Aussi faut-il créer les conditions idoines pour la sécurisation des revenus.

On note que l'exploitation artisanale minière, principale activité des communautés donne à l'État des recettes non négligeables quand bien même, son organisation montre une incohérence quant à la recherche et à l'octroi des sites appropriés.

La Guinée a besoin de se développer en profitant de ses immenses ressources constituant des potentialités économiques pour assurer sa présence sur le marché mondial.

Ce devoir de bâtir une nation forte, dans un monde en perpétuelle mutation économique, doit être celui de tous les fils du pays. En effet chaque citoyen doit apporter sa contribution nécessaire à la construction d'une industrie minière de référence en Guinée.

Pour y parvenir, la Guinée, en plus de la volonté politique, a déjà adhéré à l'initiative pour la Transparence dans l'Industrie extractive (L'ITIE), et à ce titre elle bénéficiera de cette institution internationale de l'appui pour le contrôle de la production, de la sécurisation des revenus et l'amélioration de la gouvernance dans le secteur minier.

CHAPITRE IX

L'or de Matagania dans le Nord-Est guinéen

Le gisement aurifère de Matagania se trouve dans la partie Est de la préfecture de Dinguiraye dans le nord-est de la Guinée. Il fait partie du permis minier de 14 000 Km^2, exploré par le projet « 'Dinguiraye Gold Mining »', entre les latitudes 11° et 12° et les longitudes Ouest 10° et 10° 42' -1".

La limite Nord est la frontière de la République du Mali, au Sud la Préfecture de Dabola, à l'Est la Préfecture de Siguiri, au Sud-Est la Préfecture de Kouroussa et à l'Ouest la Préfecture de Tougué. C'est l'actuelle concession en exploitation par la Société Minière de Dinguiraye (SMD).

Dinguiraye est l'une des préfectures de la région de Bouré, très connue pour son potentiel aurifère à travers les récits des explorateurs français et portugais qui visitèrent la Guinée au XIII et XV siècle.

Situation géographique des gisements de matagania

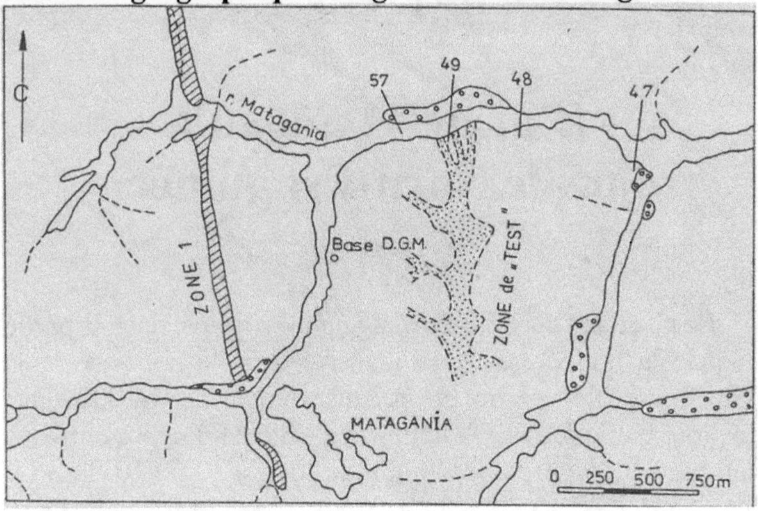

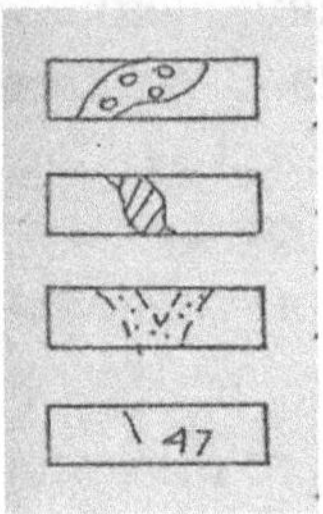

Zone d'anciens travaux des orpailleurs locaux

Zone 1 : ancien filon exploité

Zone test : Auréole de dispersion de l'Or

Tracé de profils de sondages

En surface et à travers les couches latéritiques d'altération ainsi que dans le lit de la rivière Matagania sont souvent rencontrés des morceaux de quartz isolés de dimensions variant de 30 x 25 cm à 10 x 5 cm et de petites tailles. Ces morceaux de quartz délimitent probablement une zone aurifère qui conserve de nos jours des anciens travaux d'orpailleurs locaux.

Nous avons dénommé une telle zone d'orpaillage « Zone 1 ». En amont de la rivière Matagania et parallèlement à celle-ci se trouve la « Zone test », sur la rive droite de la même rivière (Figure ci-dessus). Les études ont été faites sur les échantillons de quartz aussi bien sur l'unique et ancienne mine de Banora que sur les morceaux de quartz rencontrés dans les dépôts alluvionnaires de Matagania (Zone 1) et en surface de la « Zone test », où on a supposé l'existence d'un filon quartzeux aurifère passant sous la couverture latéritique.

Résultats des investigations

Dans la région de Dinguiraye sont connus deux types morphogénétiques de gisements aurifères : filoniens et alluvionnaires. Les filons aurifères se localisent dans les roches métamorphiques du birrimien inférieur représenté dans la région par les chlorites-actinolites, des schistes et des arkoses. Les gisements aurifères de Banora situé à 15 km de Matagania sont identifiés dans les zones des intrusions granitiques avec les roches métamorphiques.

A- Caractéristiques des filons aurifères

L'étude et la description minéralogique des filons ont permis de distinguer deux types d'associations para-génétiques qui sont :

1) quartz-pyrite-arsénopyrite + Au et
2) quartz-pyrrhotine-chalcopyrite-sphalérite + Au.

L'Or est surtout invisible dans les sulfures et les observations faites permettent d'affirmer que les filons hydrothermaux aurifères dans la région sont de deux types minéralogiques : filons quartzeux aurifères et filons quartzeux aurifères à sulfures.

Les filons quartzeux aurifères

Ils sont constitués de quartz massif blanc et gris blanc. Dans ce quartz, on n'observe pas de trace ou de vides laissés par les minéraux de sulfures, mais en surface, existent de fines fissures remplies d'hydro goethites, probablement son pourcentage en sulfures est moins de 1-2 %.

Une étude microscopique de ce quartz a permis d'identifier des grains d'or natif isométriques isolés avec des formes irrégulières de dimensions égales à environ 200 x 100 microns.

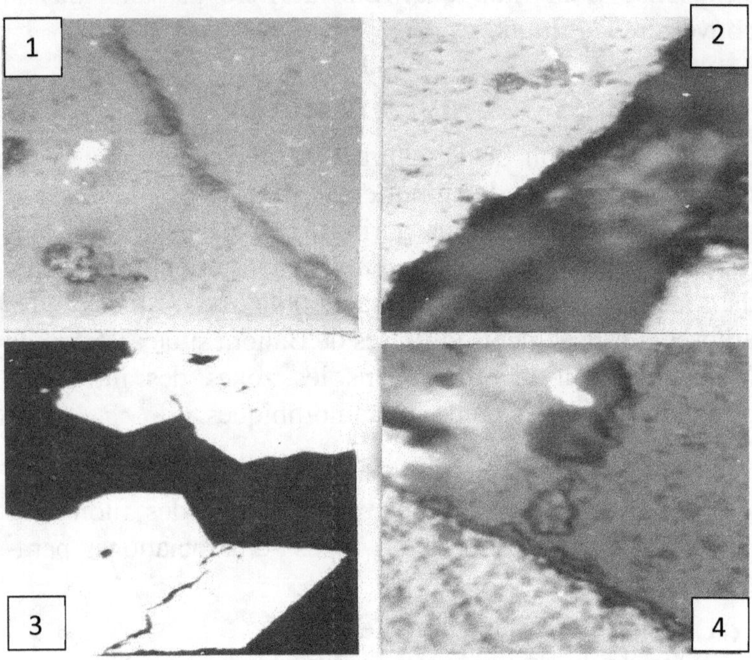

Les Photos 1, 2,3 et 4 sont des quartz des filons aurifères du gisement de Matagania :

1) montre un grain d'or en dendrite (blanc) dans le quartz (beige) Agr. — 400 X,

2) grain d'Or de forme irrégulière (blanc) dans le quartz (beige), juste à la limite d'une fissure (noir) Agr-500 X,

3) un cristal d'arsenopyrite de couleur beige se trouve dans le quartz (noir) du gisement filonien de Banora. Agr. 500 X, 4 – Grain d'Or de forme irrégulière (blanche) entre le quartz (beige) et la pyrite (noire). Agd. 500X.

Les filons quartzeux aurifères à sulfures

Ce sont des filons du gisement de Banora. Ils sont constitués de quartz blanc avec des nids d'injections de sulfures, des dimensions atteignant 5 à 6 cm et de plus petites. (Photo 5 et 6).

Les sulfures occupent plus de 10 % des composants du filon et sont représentés par l'arsénopyrite, chalcopyrite, Sphalérite, chalcosine, pyrrhotine et autres. L'Or natif ne s'observe pas sous forme visible dans le quartz comme des inclusions isolées en forme de rein et de petits grains à proximité de la pyrite.

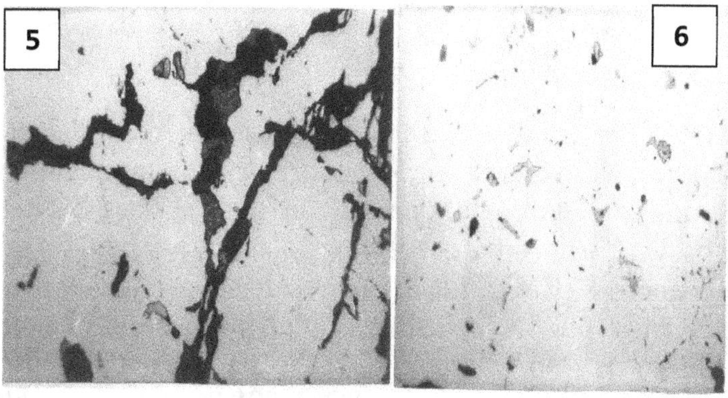

Température de formation du quartz des filons aurifères

Les études ont été faites sur les échantillons de quartz aussi bien sur l'unique et ancienne mine de Banora que sur les morceaux de quartz dans les dépôts alluvionnaires de Matagania et en surface de la « Zone test ».

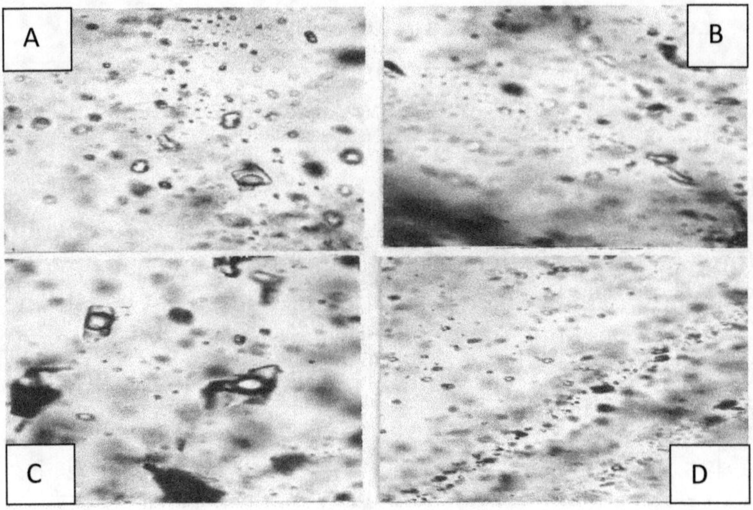

C'est la méthode d'homogénéisation des inclusions fluides dans le quartz sur microscope type Amplival monté sur une tablette chauffante qui fut utilisée. Ces différents types d'inclusions fluides sont visibles sur la photo 7 (A, B) et la photo 8 (C, D). La comparaison des résultats a permis de conclure que les inclusions primaires des filons quartzeux à sulfure de Banora se sont formées dans les conditions de hautes températures de 218 °C à 338 °C (la température moyenne est de 295 °C). Des températures sont établies pour le quartz de la « Zone test » températures à 265 °C en moyenne et de basses températures de formation pour le quartz prélevé dans les dépôts alluvionnaires de Matagania est de 223 °C en moyenne.

Les températures de formation du quartz de la « Zone test » et celles du quartz rencontrées dans les alluvions de Matagania sont beaucoup plus proches et ces morceaux de quartz proviennent des filons quartzeux aurifères situés en amont de Matagania (Zone 1). Les morceaux de quartz rencontrés dans la région ont généralement la même genèse (provenance) et peuvent être considérés comme étant les produits de désagrégation des filons aurifères quartzeux formés dans les conditions de moyenne température (265 °C à 223 °C).

B- Caractéristiques des gisements alluvionnaires

Ils ont fait l'objet d'études au cours de ces dernières années. On distingue deux types de placers aurifères : éluvionnaires et alluvionnaires.

— ***Gisements éluviaux :***

Les placers éluviaux s'observent aussi bien sur les pentes de l'écorce d'altération latéritique qu'au voisinage des filons primaires. La « zone 1 » et la « Zone test » sont liées à ce type de placer.

Le plus souvent les plus grandes concentrations se forment autour des filons quartzeux aurifères à sulfure, qui ont été exploités dans les temps anciens à Banora. La zone d'oxydation est plus puissante dans les filons quartzeux à sulfure, à cause de la faiblesse des processus d'oxydation et de désintégration ou de libération de l'Or primaire du quartz.

Les placers éluviaux au-dessus des filons quartzeux aurifères sont de plus petites épaisseurs et représentent une source d'enrichissement des placers alluviaux en Or (« Zone1 » et « Zone test »).

La « Zone test »

Elle constitue une auréole secondaire de dispersion d'Or. L'identification des grains d'Or à l'œil nu a permis d'effectuer des analyses I.C.P par la méthode de spectrométrie à plasma inductif sur la moitié de 143 échantillons au BRGM (France). 28 éléments ont été déterminés y compris l'Or.

Plan de prélèvement des échantillons de la « zone test »

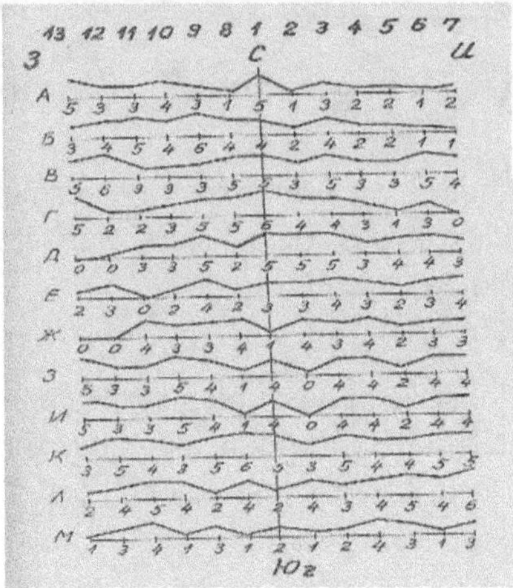

— Échelle verticale : 1/10 000

— Échelle horizontale : 1/4 000

« Zone test », plan horizontal

1-2-3-4-13 – points de prélèvement des échantillons

A-M – lignes de profils

1, 3,… 6 – nombre de grain d'or trouvé après lavage des échantillons

Ces données ont servi à composer la carte d'iso-lignes de teneur en Or, et d'autres éléments à l'aide du computeur BBC par la méthode Bakardjiev et Coll (1985).

La répartition de l'Or en surface de la « Zone test » indique deux maximums d'accumulation : en bas et en haut de la pente. Cette accumulation de l'Or constatée en bas de la pente vers les dépôts fluviaux montre le caractère migratoire de l'Or.

Probablement cet Or provient du filon aurifère quartzeux de la « Zone test » qui est recouvert par une puissante couche latéritique d'altération d'environ 10 à 15 mètres d'épaisseur.

Isolignes de teneurs des 28 éléments de la « zone test »

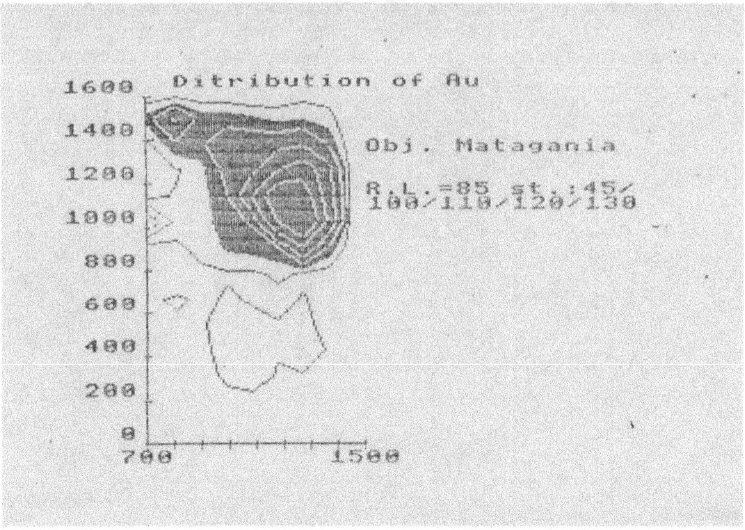

Figure 1 : Distribution de l'or dans la « zone test » montre un maximum de 130 ppm (1 ppm=0,001 %) en bas de la pente et 45 ppm en haut de la zone.

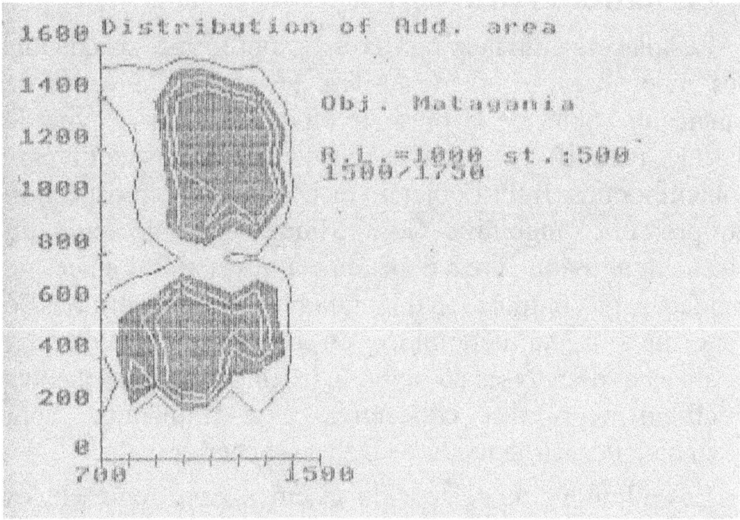

***Figure 2** : Distribution additive des auréoles des 28 éléments identifiés dans la « Zone test ».*

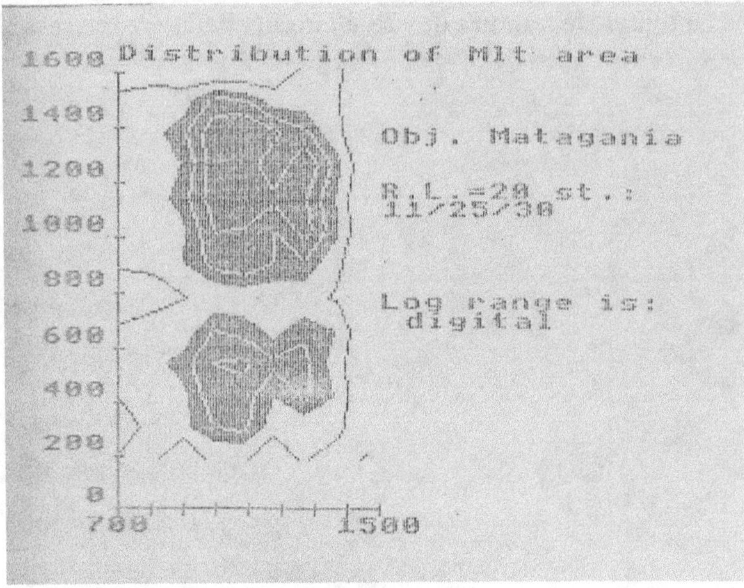

Figure 3 : *Distribution multiplicative des auréoles des 28 éléments identifiés dans la « Zone test ».*

Gisements alluviaux

Les placers alluviaux aurifères se sont formés des dépôts des rivières. Le gisement aurifère le long de la vallée de Matagania, objet de la présente étude est lié à ce type de placer, celui-ci se localise dans les dépôts alluviaux contemporains. Il fut l'objet de recherches et de prospection du projet « Dinguiraye Gold Mining » La géologie du gisement alluvionnaire a été établie à travers les données de sondages. La composition minéralogique des échantillons de concentrés a été déterminée en utilisant des méthodes optiques et d'analyses au rayon X (roentgen-gramme) après fractionnement du concentré. Les minéraux sont diagnostiqués par la méthode Debeye-Scherrer.

Les alluvions du secteur du gisement sont représentées par deux types de formations quaternaires fluviales :

1_Les formations très anciennes occupent la partie inférieure de la coupe géologique du placer et gisent sur les roches métamorphiques du précambrien ;

2_Les dépôts récents formés à partir d'anciennes alluvions se localisent dans la partie supérieure de la coupe. Ils gisent en discordance sur les plus anciens dépôts et remplissent les nouvelles auges fluviales ou les recouvrent.

Coupe géologique du placer de Matagania

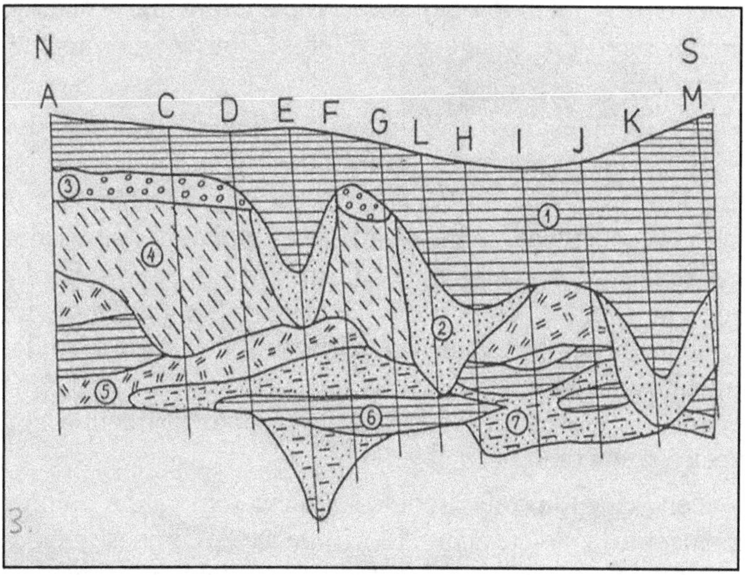

1- 2 Alluvions récentes : 1 — argiles contemporains ; 2— Sable argileux

3-7 Alluvions anciennes : 3 — Latérite ; 4— Argile latéritique ; 5— Sédiments mixtes (Grès et argiles) ; 6— Grès graveleux ; 7— Grès avec ciment argileux

On peut noter que les indices d'or sont identifiés aussi bien dans les formations anciennes que celles plus récentes, mais les grandes concentrations en Or se rapportent aux anciennes alluvions et aux roches métamorphiques altérées liées aux bedrocks. Ici il se dégage un horizon aurifère composé de grès, de gravier, grès avec un ciment argileux. La puissance de cet horizon est de 0,5 à 1,5 m avec une teneur moyenne en or de 0,5 à 4g/m^3. Les parties érodées et enfoncées du bedrock remplies de dépôts sableux et argileux sont très favorables à l'accumulation de l'Or.

Les données de la composition minéralogique à travers les études au stéréo microscope, montrent la présence de quartz, de feldspaths, de micas, de minéraux argileux, d'hydroxydes d'aluminium, de fer et de manganèse. Dans la fraction lourde, les minéraux suivants ont été déterminés par ordre quantitatif : goethite, hématite, rutile, ilménite, anatase, zircon, staurotide, magnétite, sidérose, tourmaline, apatite, pyroxène.

Les résultats des investigations minéralogiques et les données chimiques des concentrés prélevés dans les alluvions et éluvions (zone test) qui ont été soumis aux analyses spectrales, semi-quantitatives montrent la présence des éléments caractéristiques du gisement : Fe, Si, Ti, Al, Mg, As, Mn, Cr, Zn, Cu, Pb, Zr, Hf, P. Les minéraux qui contiennent le titane dans les fractions sont l'anatase-rutile-ilménite et le zircon est le principal porteur du Zr et Hf. Une teneur très élevée en Hf est constatée dans la fraction non électromagnétique.

Celle-ci est liée au zircon de couleur sombre qui domine en quantité la variété claire. La différence en composition des échantillons provenant des alluvions et éluvion n'a pas été stigmatisée.

À cause de la couverture latéritique de la zone, la poursuite des analyses géochimiques et géophysiques de recherche est vivement recommandée pour identifier ainsi les roches encaissantes du diamant, les gisements de manganèse, de fer, de bauxite et autres.

Granulométrie de l'Or

Les études granulométriques ont été effectuées sur 3035 grains d'Or obtenus des différents échantillons prélevés à travers les sondages des trois (3) profils réalisés dans les alluvions du gisement. Le fractionnement n'a pas été effectué par tamisage, mais visuellement à l'aide du stéréo-microscope et des papiers millimétriques. Les grains ont été divisés en cinq (5) classes : ***Classe I :*** de 0 à 0,25 mm se rapporte aux grains fins ;

Classes II, III et IV ayant respectivement 0,25-0,50 ; 0,50-0,75 ; 0,75-1 mm de dimension correspondent aux grains moyens et la ***Classe V :*** représente les grains grossiers dont les dimensions sont supérieures à 1 mm. Ces données montrent que plus de la moitié du nombre des grains est constituée des grains fins (54,84 %), environ 3/7 représentent les grains moyens (43,45 %) et une partie signifiante des grains (1,70 %) appartient à la classe des grains grossiers.

Pour les gisements de Matagania, plus de 98 % des grains sont de dimensions inférieures à 1 mm et se rapportent à l'Or de la classe des grains fins et moyens. Les grains grossiers (supérieurs à 1 mm) se rencontrent rarement. Les dimensions moyennes de cette classe varient de 1 à 3 mm en liaison étroite avec l'étude granulométrique. La détermination du pourcentage pondéral de chacune des classes est d'une grande importance pour l'élaboration des techniques d'extraction de l'Or. Ainsi les grains de la **classe I** représentent les 18,16 % de la masse totale ; **Classe II**-19,20 % ; **Classe III** -19,83 % ; **Classe IV**- 20,50 % et **Classe V**-22,25 %.

Pour une éventuelle exploitation de ces gisements il faudra tenir compte du fait que la masse essentielle des grains (environ 60 %) est constituée des grains moyens dont les dimensions varient de 0,25 à 1 mm.

Morphologie de l'Or

Les études morphologiques englobent la détermination du degré d'arrondissement de la forme et du relief des grains d'Or. Les résultats ont permis de distinguer trois groupes de grains :

Grains non arrondis : sont représentés par les grains en forme de dendrites, de plaquettes ou ramifiées avec des contours irréguliers n'ayant presque pas subi de transport horizontal et vertical dans les alluvions et sont observés dans toutes les classes granulométriques, des formes cristallines s'y rencontrent également.

Les grains pseudo-arrondis se rapportent les grains ayant des formes isométriques ou allongées dans lesquelles à part les contours peu émoussés, s'observent des faces ployées et parfois des vides laissés par des inclusions de quartz ou des minéraux. Ils ont subi un transport insignifiant à travers les sables et les graviers fluviaux à la suite duquel les parties les plus minces sont recourbées ou cornues et leurs contours émoussés.

Les grains d'Or arrondis se rencontrent très rarement et représentent à peine 2,33 % de l'ensemble des grains. Ils ont le plus souvent des formes faiblement allongées ou très rarement isométriques et ont été relativement objets d'un transport horizontal plus long. Les bords (arêtes) sont complètement émoussés (arrondis). Certains comportent des stries par suite de transport et de choc mécanique dans les alluvions.

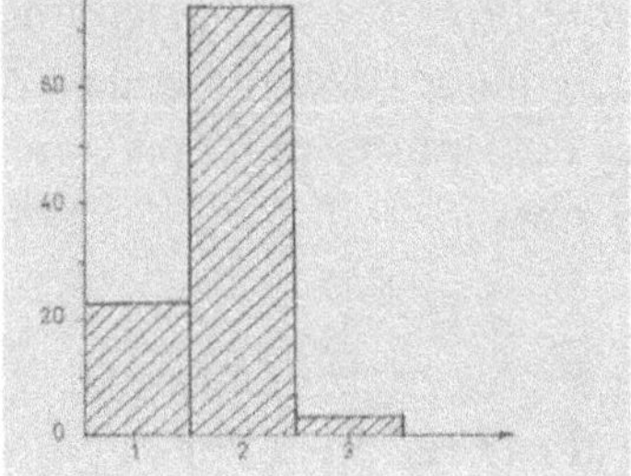

Figure 4 : Groupe morphologique de l'Or de Matagania.

1_Grains non arrondis 23,42 %

2_Grains pseudo-arrondis 74,23 %

3_Grains arrondis 2,33 %

Groupes

Selon leurs formes les grains d'Or du gisement de Matagania se rapportent aux quatre (4) groupes suivants :

— Les grains en formes de dendrites sont caractéristiques pour les gisements de Matagania. Ils sont représentés par des dendrites ramifiés ou par des grains de formes ayant en surface de l'Or secondaire. Le plus souvent se sont des grains moyens non arrondis, plats, allongés conservant des inclusions de quartz ou des vides et représentent plus de 40 % d'Or du gisement et n'ont pas subi d'importants mouvements dans les alluvions.

Photo 9 : *Or en dendrite avec inclusion de quartz ayant subi des traces mécaniques, agrandissement 80X*

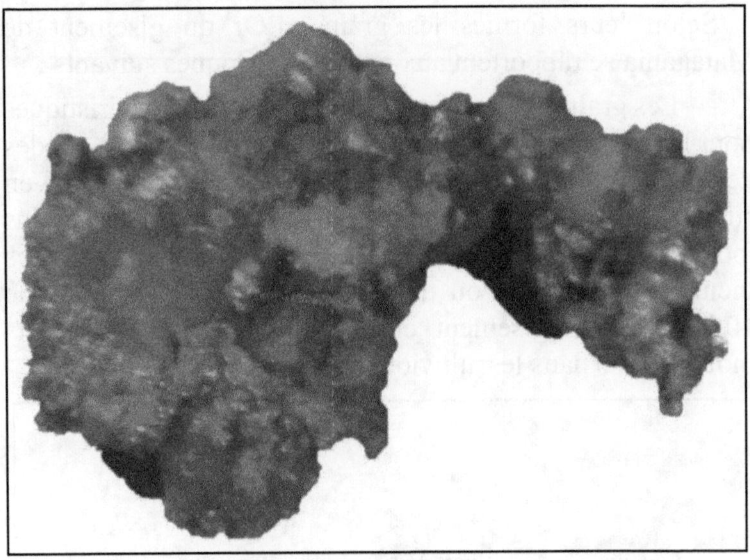

Photo 10 : *Or en forme de dendrite non arrondie présentant une inclusion de quartz au centre, agrandissement 50X*

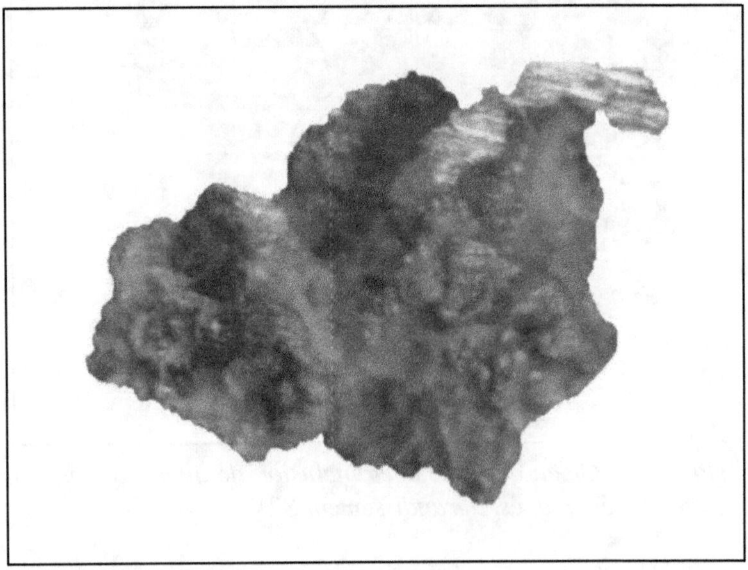

Photo 11 : *Or en forme de dendrite sans arêtes avec des inclusions de quartz dans la partie centrale, agrandissement 60 X*

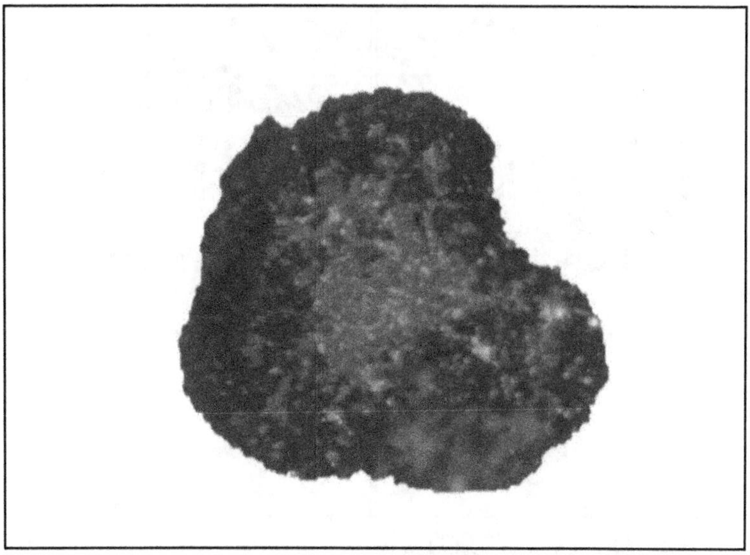

Photo 12 : *Or en forme isométrique non-arrondie avec des cristaux de quartz, agrandissement 50 X.*

Photo 13 : *Or de forme isométrique avec inclusions de quartz, agrandissement 60 X.*

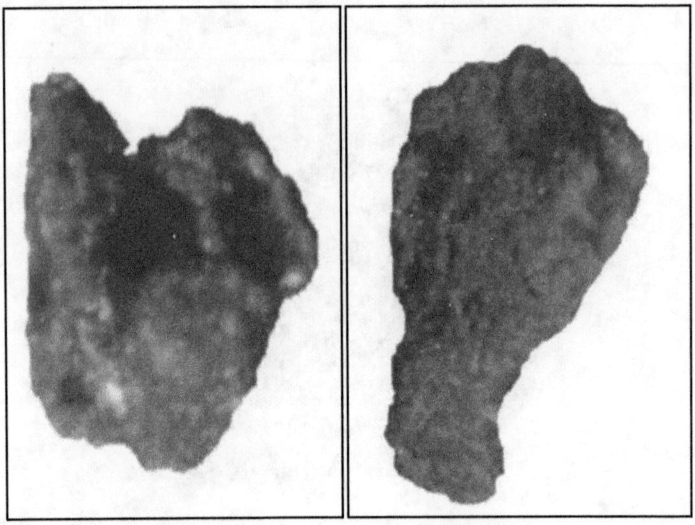

Photo 14 : *Grains d'Or pseudo-arrondis ayant des formes isométriques ou allongées dans lesquels s'observent des faces ployées et parfois des vides laissés par des quartzs, agrandissement 50 X.*

Photo 15 : *Grains plats sont des formes d'écailles ou des formes plates, de contours isométriques et allongées en plan, et sont de petites grosseurs ; le rapport entre leurs grosseurs et leurs largeurs est de 1/10. Agrandissement 100 X.*

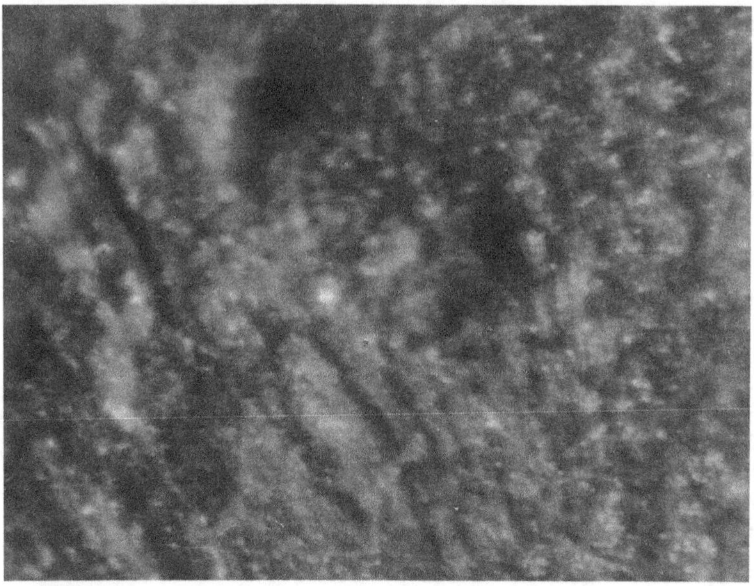

Photo 16 : *Or pseudo-arrondi présentant des effets mécaniques de transport dans les alluvions ; agrandissement 100 X.*

Caractères micro-morphologiques de l'Or de Matagania

L'Or alluvionnaire de Matagania se caractérise par la présence en surface de la majorité des grains d'une mince couche d'Or, formée de très fins cristaux d'épaisseur variant de 50 à 20 microns. Ces cristaux ont été identifiés au début en section polie sous microscope avec des grossissements supérieurs à 400 – 500 fois.

Les caractères micro — morphométriques des grains sont déterminés au microscope électronique à balayage (MEB), SEM — PHILIPS à l'Institut de Minéralogie appliquée de l'Académie des Sciences Bulgares. Le grossissement des images a été de 400 à 12000fois.

Les études effectuées ont donné la possibilité de déterminer les caractères morphologiques des micro-cristallites recouvrant les grains d'Or et de découvrir des formes cristallographiques intéressantes avec des grossissements atteignant parfois 12 000 fois.

D'après nos renseignements, ces formes sont décrites pour la première fois dans la littérature.

L'analyse des données sur l'Or alluvionnaire de Matagania nous a permis de distinguer trois (3) générations d'Or :

L'Or de la première génération

Il est représenté très généralement par des grains en formes de dendrites non émoussés et pseudo-émoussés et constituent la masse essentielle des grains. Très rarement, on rencontre des grains émoussés sur lesquels on a identifié au Microscope Électronique à Balayage MEB une structure sectorielle ou en macle polysynthétique.

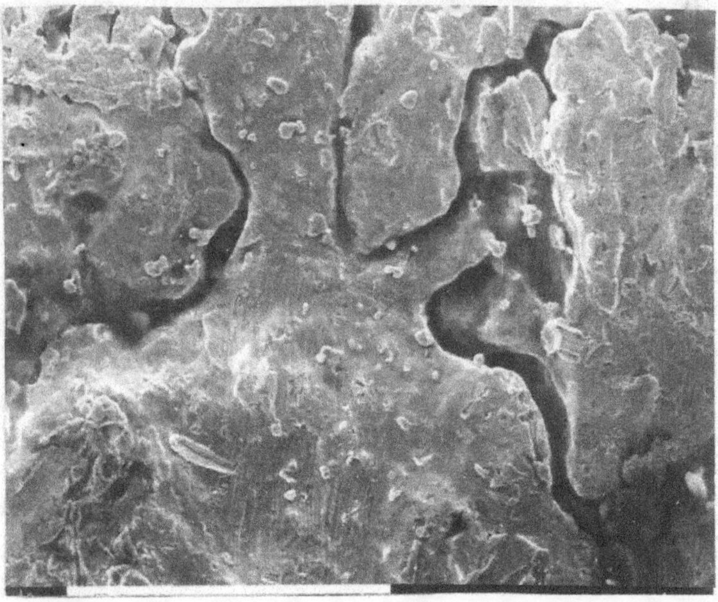

Photo 17 : *Or à structure sectorielle due à l'action mécanique (Choc, frottement, friction et autres) au cours du transport des grains dans les alluvions. Agrandissement 400 X.*

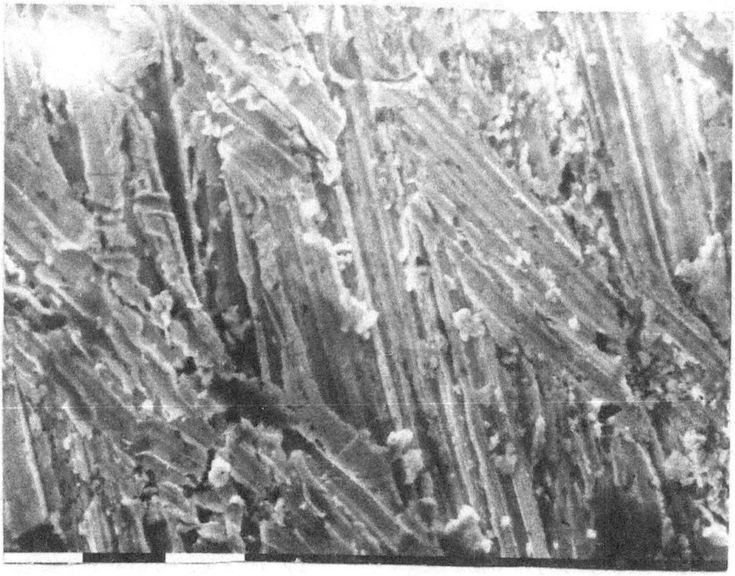

Photo 18 : *Or en macles polysynthétiques caractérise la première génération, et s'observent sur la majorité des grains. Agrandissement 650 X.*

L'Or de la deuxième génération

Il recouvre l'Or de la première génération et est caractérisé par une mince couche sous laquelle s'observe par endroit l'Or de la première génération. Le caractère essentiel de cette seconde génération est qu'elle forme une mince « écorce » de petits cristaux d'Or de forme très variée.

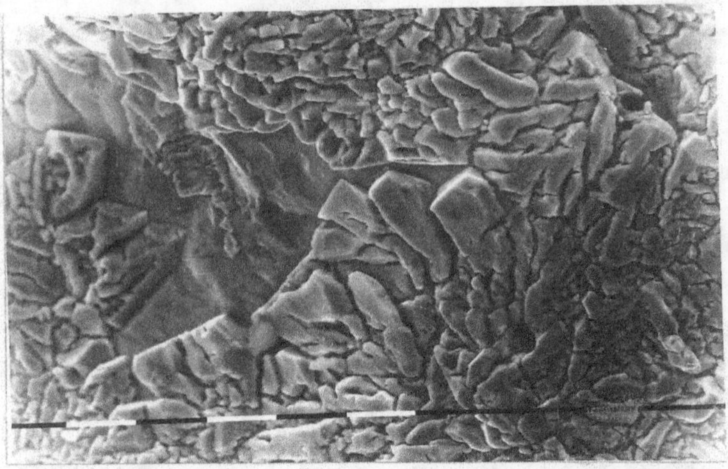

Photo 19 : *Or en mince écorce des petits cristaux de forme très variée, s'observe par endroit sur l'ossature de l'Or de la première génération. Agrandissement 3000 X.*

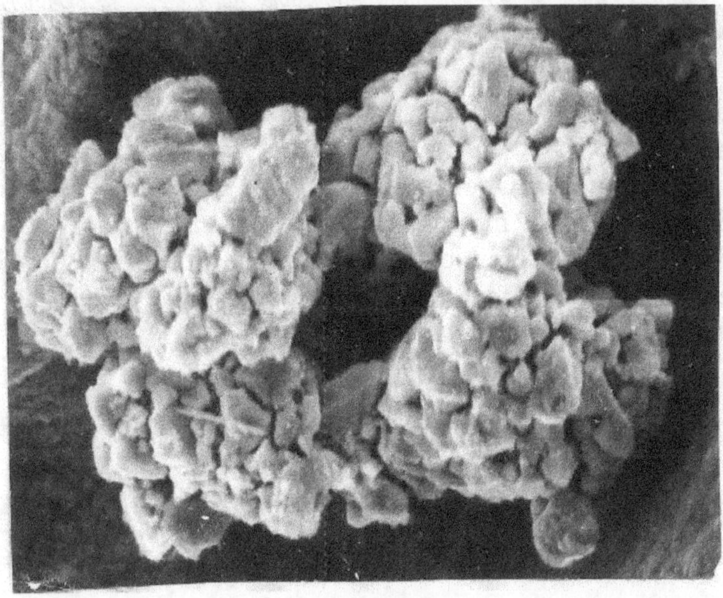

Photo 20 : *Or sous forme de cube octaédrique aplati (1 1 1) avec un faible développement des faces de cube (1 0 0) soudées les unes aux autres et forment ainsi des couches de dendrites en surface des grains.*

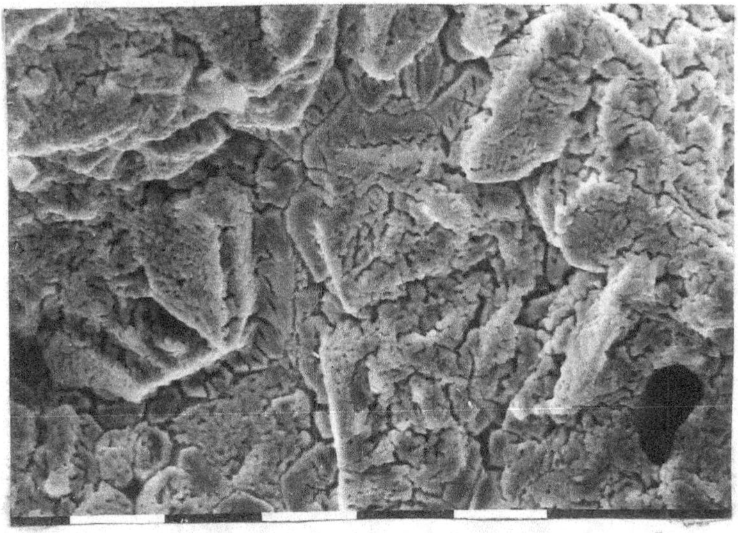

Photo 21 : *Or formé des petits cristaux squelettiques et comporte des fissures et des vides, en surface de l'Or de la première génération. Agrandissement 2500 X.*

Photo 22 : *Or corrodé en forme octaédrique de la deuxième génération. Agrandissement 5000 X.*

Photo 23 : *Or de forme octaédrique de la deuxième génération formé in situ dans les alluvions. Agrandissement 12 000 X.*

Photo 24 : *Or de la deuxième génération formé in situ dans les alluvions, probablement au début de leur formation il y a eu mobilisation de l'Or colloïdal qui s'est recristallisé par la suite. Agrandissement 700 X*

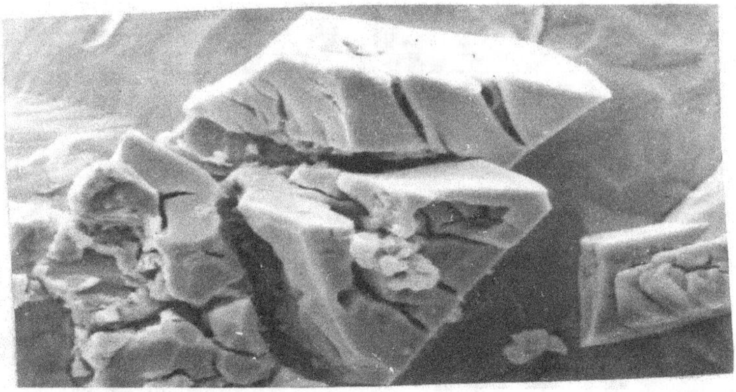

Photo 25 : *Or en forme des cristaux développés sur l'Or de la deuxième génération sur les fissures (?) sur l'Or de la première génération. Agrandissement 7000 ^{X}.*

L'Or de la troisième génération

Il est plus tardif et est représenté par deux (2) types de cristaux avec des formes différentes : octaédriques et tétraédriques (2 1 0). Les octaèdres sont développés sur la surface spongieuse de la deuxième génération, leurs faces sont bien régulières et ne comportent aucune déformation mécanique. Les tétraèdres sont très rares et se rencontrent le plus souvent sur l'Or de la première génération.

Photo 26 : *Or en forme octaédrique de la troisième génération sur l'Or de la deuxième génération. Agrandissement 7000 ^{X}.*

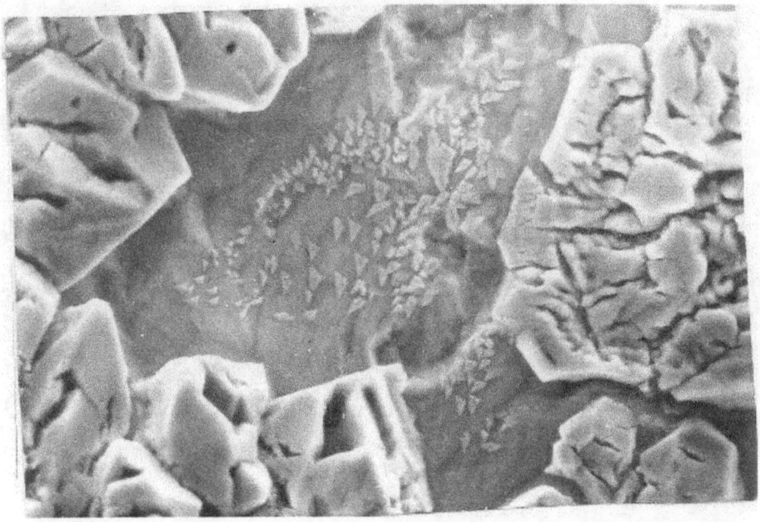

Photo 27 : *Or de la troisième génération en forme des petits cristaux développés sur l'Or de la première génération à travers les fenêtres de la deuxième génération.*

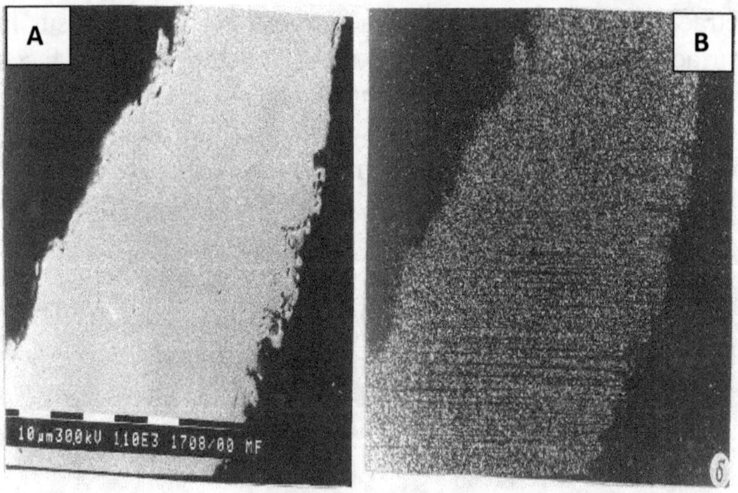

Photo 28 : *Or natif du gisement de Matagania : À) Observé en régime compo ; B) Observé à travers les rayons X (X-Ray mapping)*

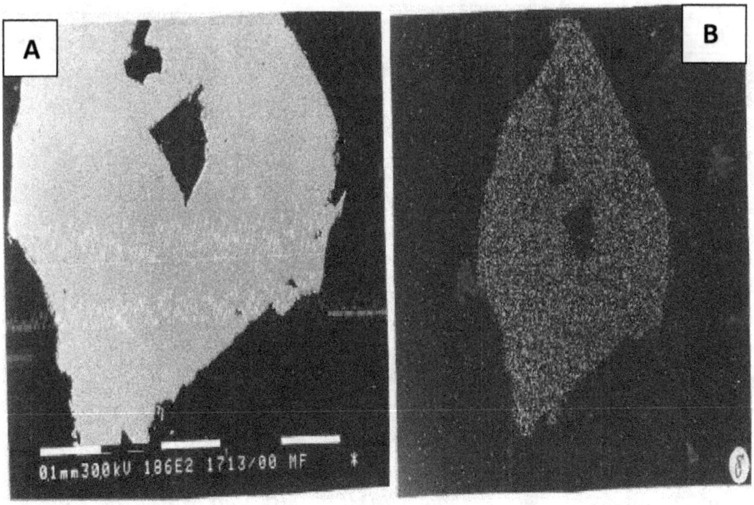

Photo 29 : *Or natif (cristal octaédrique) avec inclusion de quartz (noir) : À) Scanné en régime compo sur les lignes Au (en haut) et Ag (en bas) ; B) Répartition de l'Or au (X-Ray mapping).*

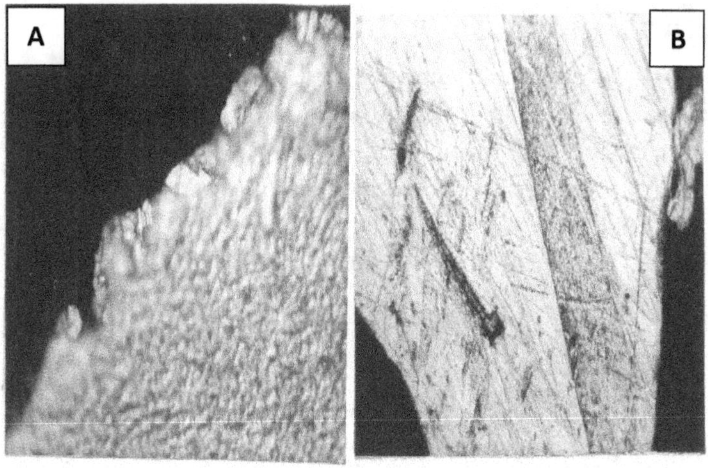

Photo 30 : *À) Structure corrosive de l'Or suite à l'utilisation de la solution HCl + CrO_3, agrandissement 3150^{X}; B) Structure interne en forme de bande sur les grains d'Or de Matagania, agrandissement 394^{X}, structure corrosive.*

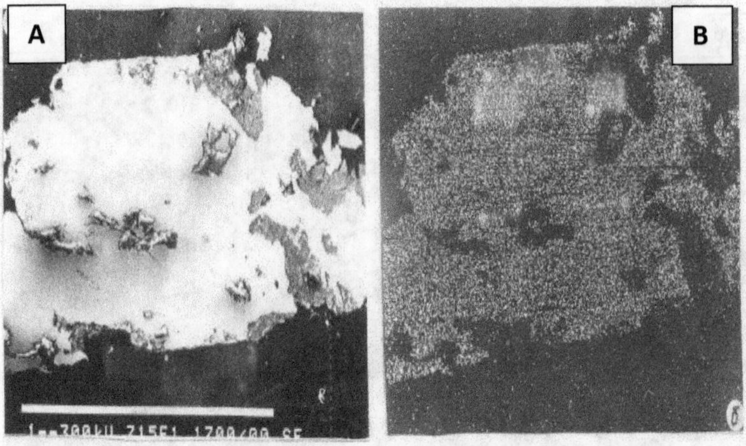

***Photo 31** : Or natif de forme allongée avec inclusion de quartz et d'autres minéraux : A) Régime COMPO ; B) Répartition de l'Or en surface (X-Ray mapping).*

Propriétés physiques et composition chimique de l'Or de Matagania

— ***Pouvoir réflecteur* :** les données sur le pouvoir réflecteur de l'Or de Matagania ont été obtenues au photo-microscope NF monté sur microscope NU-2.(Menkov et Coll 1976). Les résultats obtenus répondent de sa composition et dépendent avant tout de sa teneur en argent (Ag). Ces dernières ont été comparées aux données de Machairas (1988) et Svilera et Coll (1988). On y note une similitude des courbes pour les grains d'Or à teneur analogue.

— ***Microdureté* :** les mesures de la microdureté des grains sont faites au scléromètre à pointe en diamant. Elles ont été effectuées sur les grains de titre 942^{0}/oo, 940 ^{0}/oo, 936 ^{0}/oo et 906°/oo. Il a été établi que la microdureté est fonction de la teneur des grains en argent.

Le grain de 6,75 % Ag a la plus grande valeur en microdureté : 42,41 kgf/mm^2 ; celui de 5,84 % Ag a

40,50 kgf/mm^2. La différence entre eux n'est pas très significative à cause des variations relativement faibles de leur composition : environ 0,4 % Au et 1 % Au. Ces résultats confirment les données obtenues par Marchairas (1970) et prouvent l'existence d'une étroite corrélation entre la teneur en Ag et la microdureté des grains.

— ***Analyses aux Rayons X :***

Les grains d'Or ont été soumis aux analyses par la méthode Debeye-Sherrer. Les résultats obtenus sont les suivants : a_0 = 4,071 Å ± 0,05 et a_0 = 4, 080 Å ± 0, 03.

Ces données ont été comparées à celles du Selected Power… (1974) prises comme étalon avec pour titre 997, 97 ‰ et a_0 = 4, 0786 Å.

— ***Structure des grains :***

La structure interne des grains et la répartition de l'Or (Au) et l'argent (Ag) ont été étudiées à travers les line scanning et x-ray-mapping, à la microsonde.

Les résultats obtenus excluent l'existence des zonalités qui sont pourtant rencontrées sur la plupart des grains d'Or des gisements alluvionnaires (Latich, 1984).

L'absence de zonalités est constatée aussi bien pour la répartition de l'Or que de l'argent dans les grains (photo 28 A et B) et photo 29 A et B).

Il a été observé dans la périphérie des grains soumis à la corrosion une mince raie de 2 à 3 microns constituée d'Or à titre très élevé à travers laquelle se sont formés des petits cristaux isolés.

En surface de certains grains se forment des lamelles rappelant la structure de macles polysynthétiques. (Photo 30 A et B).

Ces résultats confirment ceux de la microsonde et dénotent une répartition relativement homogène de l'Or et de l'argent dans les grains.

Origine de l'Or de Matagania

La détermination de l'origine primaire de l'Or des placers de Matagania est une des tâches essentielles de ladite étude. Elle a été faite sur la base des résultats des études géologiques, géochimiques, microscopiques et de l'analyse des caractéristiques morphométriques.

Les tâches résolues ont nécessité l'utilisation d'un complexe de méthodes et d'appareillages qui s'appliquent pour la première fois à l'étude de l'Or en Guinée.

Sur la base des études pratiques, il a été prouvé que la source de l'Or accumulé dans le placer de Matagania est liée aux filons quartzeux de la zone et aux régions aurifères situées en amont de la rivière Matagania.

Les données sur la genèse du placer se rapportent aux formations poly génétiques dont la mise en place fut contrôlée par plusieurs étapes.

Ce travail représente une étude personnelle de l'auteur dont les résultats complémentaires sont consignés dans le livre intitulé : « Regard sur le Secteur minier guinéen, édité par L'Harmattan Guinée, 2017 ».

Ces résultats sont utilisables pour la recherche de nouveaux gisements : gîtes filoniens et placers, et peuvent aussi contribuer largement à l'amélioration des techniques d'extraction de l'Or de la région de Bouré.

On est en droit de garder l'espoir que les conditions seront créées dans un futur très proche, de cerner les paramètres liés à la connaissance de cet Or, objet d'exploitation industrielle, dans les limites de la province aurifère du Bouré en termes de qualité et de revenus.

CONCLUSION

En écrivant ce livre, l'auteur a estimé qu'il serait aimable de partager les souvenirs d'enfance, de la vie scolaire et universitaire en Guinée et de la formation postuniversitaire en Bulgarie. Il s'agit d'une autobiographie qui explique son parcours professionnel.

L'Institut Valery Giscard D'Estaing de Faranah fut son premier emploi, un établissement placé sous la tutelle du ministère de l'Enseignement supérieur et de la Recherche scientifique qui a consacré la formation de nombreux ingénieurs agronomes, pédologues, aménagistes et ingénieurs des eaux et forêts, en leur donnant une base de connaissance des sols, de la géologie, de l'hydrogéologie et de la cartographie des sols de Guinée.

Un excellent travail a été abattu par les encadreurs de cette institution d'enseignement supérieur et près de trois mille diplômés de haut niveau de qualification technique et scientifique servent avec loyauté le pays. Ils se retrouvent aujourd'hui à divers niveaux de responsabilité et suivant leurs profils de formation dans les ministères de l'Administration du territoire, de l'Environnement et de l'Agriculture. La problématique liée à la productivité des céréales, l'utilisation rationnelle des engrais et des herbicides, a été prise en compte par les spécialistes qui interviennent dans les activités agricoles de la région administrative de Faranah et de précieuses recommandations ont été faites.

Les investigations au niveau du secteur minier dans le cadre des missions de recherches géologiques, de l'évaluation des gisements bauxitiques de Dian-Dian, de l'avènement de la SIDEM pour la recherche de l'Or et du diamant en haute Guinée et la Société des bauxites de Daola-

Tougué ont suscité un intérêt particulier en termes de résultat et de réussite des opérations techniques.

Les insuffisances liées à ces activités ont été identifiées et maîtrisées à la satisfaction de tous les intervenants et ont abouti à un suivi régulier desdits projets, qui s'inscrivent désormais dans la dynamique d'une véritable source d'inspiration pour les futurs projets de recherche et de développement.

En ce qui concerne l'artisanat minier, il devrait disposer dans les meilleurs délais d'un programme de soutien aux initiatives de développement, pour créer ainsi les meilleures conditions de vie à cette population composée particulièrement de femmes et d'enfants et élaborer des règles d'hygiène, de santé, de sécurité dans les mines qui faciliteront la lutte contre certains travers sociaux et les maladies sexuellement transmissibles y compris le sida.

Raison pour laquelle le Gouvernement guinéen et l'Agence française de Développement (AFD) ont initié la création en Haute Guinée d'un projet d'Appui à l'Exploitation artisanale de l'Or et du Diamant en 2001. Le coordinateur de ce projet a conduit une délégation guinéenne au séminaire ténu à Yaoundé au Cameroun du 19 au 22 novembre 2002. Ce séminaire a été très satisfait des résultats du secteur minier guinéen, qui de par sa position est placé au centre de la stratégie nationale de réduction de la pauvreté initiée par le Gouvernement. Le séminaire a retenu, comme exemple de bonne pratique, la création d'un cadre d'appui du secteur minier industriel au développement communautaire.

Le caractère multisectoriel de la lutte contre le sida en Guinée a impressionné le séminaire, lequel a demandé aux autres pays de s'inspirer de l'exemple guinéen.

Il est important de rappeler que le Ministère des Mines et de la Géologie est avant tout un Département technique. Son développement nécessite l'apport des professionnels géo-mineurs dont la tâche essentielle est de s'inscrire dans la dynamique de satisfaire les besoins techniques et socio-économiques du pays à travers une gestion rationnelle des ressources minières.

C'est par ce biais que le secteur minier apportera un nouveau souffle aux activités quotidiennes en évitant des pertes de temps dans l'exécution des projets de développement, et fera de la sécurisation des investissements un facteur rigoureusement observé, car sans investissement et de prises de décisions réalistes, il n'y aura point d'essor économique dans le pays.

L'accomplissement des objectifs intègre la création d'un environnement social économique et culturel qui sera favorable à la formation de la relève et à l'emploi des jeunes que nous voulons très rassurants pour le futur du pays.

L'avenir du secteur minier guinéen est prometteur, car la Guinée vient d'amorcer un tournant décisif de par sa position parmi les plus grands pourvoyeurs de la bauxite au marché mondial. Aussi le pays a l'ambition légitime de réaliser dans les meilleurs délais, une industrie intégrée de l'alumine à l'aluminium tout en optant pour la diversification de la production sur le marché, en tenant compte de sa richesse en fer, en diamant, en uranium et en métaux de base.

Les géo-mineurs continueront à s'investir pour mieux connaître le potentiel minier du pays et encourager la réalisation des infrastructures de base qui constituent un handicap majeur pour le développement du secteur minier.

Les résultats obtenus des études de l'Or de la province aurifère de Bouré sont édifiants et constituent un bel exemple à multiplier pour s'inscrire dans la dynamique de connaître et de valoriser l'ensemble des ressources minérales du pays. Cette option permet de mieux cerner la problématique liée au titrage de l'or qui fait l'objet d'exploitation industrielle dans le pays.

TABLE DES MATIÈRES

Structures éditoriales du groupe L'Harmattan

L'Harmattan Italie
Via degli Artisti, 15
10124 Torino
harmattan.italia@gmail.com

L'Harmattan Hongrie
Kossuth l. u. 14-16.
1053 Budapest
harmattan@harmattan.hu

L'Harmattan Sénégal
10 VDN en face Mermoz
BP 45034 Dakar-Fann
senharmattan@gmail.com

L'Harmattan Cameroun
TSINGA/FECAFOOT
BP 11486 Yaoundé
inkoukam@gmail.com

L'Harmattan Burkina Faso
Achille Somé – tengnule@hotmail.fr

L'Harmattan Guinée
Almamya, rue KA 028 OKB Agency
BP 3470 Conakry
harmattanguinee@yahoo.fr

L'Harmattan RDC
185, avenue Nyangwe
Commune de Lingwala – Kinshasa
matangilamusadila@yahoo.fr

L'Harmattan Congo
67, boulevard Denis-Sassou-N'Guesso
BP 2874 Brazzaville
harmattan.congo@yahoo.fr

L'Harmattan Mali
Sirakoro-Meguetana V31
Bamako
syllaka@yahoo.fr

L'Harmattan Togo
Djidjole – Lomé
Maison Amela
face EPP BATOME
ddamela@aol.com

L'Harmattan Côte d'Ivoire
Résidence Karl – Cité des Arts
Abidjan-Cocody
03 BP 1588 Abidjan
espace_harmattan.ci@hotmail.fr

L'Harmattan Algérie
22, rue Moulay-Mohamed
31000 Oran
info2@harmattan-algerie.com

L'Harmattan Maroc
5, rue Ferrane-Kouicha, Talaâ-Elkbira
Chrableyine, Fès-Médine
30000 Fès
harmattan.maroc@gmail.com

Nos librairies en France

Librairie internationale
16, rue des Écoles – 75005 Paris
librairie.internationale@harmattan.fr
01 40 46 79 11
www.librairieharmattan.com

Librairie l'Espace Harmattan
21 bis, rue des Écoles – 75005 Paris
librairie.espace@harmattan.fr
01 43 29 49 42

Lib. sciences humaines & histoire
21, rue des Écoles – 75005 Paris
librairie.sh@harmattan.fr
01 46 34 13 71
www.librairieharmattansh.com

Lib. Méditerranée & Moyen-Orient
7, rue des Carmes – 75005 Paris
librairie.mediterranee@harmattan.fr
01 43 29 71 15

Librairie Le Lucernaire
53, rue Notre-Dame-des-Champs – 75006 Paris
librairie@lucernaire.fr
01 42 22 67 13

www.ingramcontent.com/pod-product-compliance
Lightning Source LLC
LaVergne TN
LVHW010939051026
849532LV00003B/1047